KB275824

결국 성공하는 사람들의 사소한 차이

결국 성공하는 사람들의 사소한 차이

君を成功に導く49の言葉:
5年後リーダーになる人 5年後も部下のままの人
岩田松雄 著
大和書房 刊
2017

KIMIO SEIKONI MICHIBIKU 49NO KOTOBA:
GONENGO RIDANI NARU HITO GONENGOMO BUKANO MAMANO HITO
by Matsuo Iwata
Original Japanese edition published by DAIWASHOBO Co., Ltd., Tokyo

결국
성공하는 사람들의
사소한
차이

왜 똑같이 시작해도
5년 후 결과가 다른 걸까?

이와타 마쓰오 지음 | 김윤경 옮김

비즈니스북스

결국 성공하는 사람들의 사소한 차이

1판 1쇄 발행   2018년 1월 31일
1판 8쇄 발행   2024년 9월 24일

지은이 | 이와타 마쓰오
옮긴이 | 김윤경
발행인 | 홍영태
편집인 | 김미란
발행처 | (주)비즈니스북스
등 록 | 제2000-000225호(2000년 2월 28일)
주 소 | 03991 서울시 마포구 월드컵북로6길 3 이노베이스빌딩 7층
전 화 | (02)338-9449
팩 스 | (02)338-6543
대표메일 | bb@businessbooks.co.kr
홈페이지 | http://www.businessbooks.co.kr
블로그 | http://blog.naver.com/biz_books
페이스북 | thebizbooks
ISBN 979-11-6254-001-5   03190

비즈니스북스는 독자 여러분의 소중한 아이디어와 원고 투고를 기다리고 있습니다.
원고가 있으신 분은 ms1@businessbooks.co.kr로 간단한 개요와 취지, 연락처 등을 보내 주세요.

사소한 차이로 5년 후 미래가 바뀐다면

"내가 행하는 모든 것은 나의 신념에 따른 것이다.

나를 폄하하든 칭찬하든 그 모든 것은 그의 마음이다.

나는 그것에 상관하지 않는다.

누가 어떤 말을 하고 지적하든 전혀 개의치 않는다."

가쓰 가이슈

매일이 즐겁고 행복할 수만은 없다. 하루하루를 살다 보면 안 좋은 일도 생기기 마련이다. 최선을 다했지만 결과가 신통치 않기도 하고 얼토당토않은 오해를 받기도 하며 아무런 근거도 없이 중상모략을 당할 때도 있다. 당신이라면 그럴 때 어떻게 하겠는가? 한시라도 빨리 잊어버리는 게 상책이겠지만 마음먹은 대로 쉽지만은 않다.

하루 종일 머릿속에서 부정적인 말이 맴돌아 평상심을 회복하고 긍정적인 자신으로 돌아오는 게 쉽지 않다. 말 그대로 점점 우울해질 뿐이다. 나도 정신적으로 힘든 하루를 보낸 날은 잠을 이루지 못할 때가 많다. 그럴 때는 잠자리에 누워 초등학생 때 선생님한테 칭찬받았던 일이나 야구부에서 득점을 냈던 순간, 일이 순조롭게 진행되었던 상황을 떠올려 본다.

지금까지 살아온 날을 돌아보면서 나 자신을 칭찬하다 보면 어느새 마음이 편안해진다. 그런 행동이야말로 '자존심을 되찾을 수 있는 기회'일지도 모른다. 나는 결코 하찮은 인간이 아니며 지금까지 좋은 일이 정말 많았다는 사실을 떠올리면 왠지 다시 기운이 솟아난다.

나는 젊었을 때부터 근사한 노트를 사서 마음에 드는 명언을 만년필로 적곤 했다. 마음이 우울하고 심리적으로 위축되고 지칠 때마다 노트를 한 장 한 장 넘겨 가며 지금까지 써놓은 명언을 읽으면서 용기를 얻었다.

신기하게도 그럴 때마다 지금 심정에 딱 들어맞는 말이 반드시 눈에 띄었다. 어느새 그 말이 내 가슴을 치고 들어와 나를 위로하는 순간을 경험했다. 평소와 달리 더 깊은 울림으로 마음에 파고들어 따스한 기운을 불어넣었다. 말이 지닌 힘이 얼마나 크고 강한지 직접 경험했다. 가쓰 가이슈의 제자 사카모토 료마도 이런 글을 남겼다.

"세상 사람들이 내게 뭐라 하든, 내가 하는 일은 나 자신만이 안다."

사카모토 료마

내 인생은 나 자신만이 책임질 수 있다. 나 역시 젊었을 때는 인생에 대해 많은 고민을 했다. 이대로 괜찮은 걸까? 인생을 제대로 잘 살고 있는 걸까? 그런 고민에 빠져 힘들어할 때마다 괴테의 말이 얼마나 큰 위로가 되었는지 모른다.

"인간은 노력하는 한 방황하는 존재다."

요한 볼프강 폰 괴테

그렇다. 지금 이 순간, 삶에 대해 고민한다는 것은 스스로 열정을 다해 살아 내고 있다는 것을 의미한다. 방황이 무의미한 게 아니라 발전하기 위한 과정임을 인식하는 순간, 스스로를 위로할 수 있었다. 때로는 방황하고 있는 자신을 바라보는 게 힘들고 혼란스러울 수도 있다.

하지만 방황하는 자신으로 힘들어하거나 고민할 필요는 없다. 누구나 처음 사는 인생이 아닌가. 어찌 보면 방황이나 고민은 당연하다. 어느 누구도 나의 인생을 대신 살아 주거나 방해할 수 없다. 끊임없이 누군가의 눈치를 보는 인생은 재미도 없을뿐더러 외롭기만 하다. 자신의 인생은 스스로 매듭을 지을 수밖에 없다. 그런 생각을 하다 보면 어느새 마음이 평온해지고 삶에 진지해진다.

"대체 어디를 걷고 있는가? 그곳이 다른 누군가의 길은 아닌가? 그렇기 때문에 걷기 힘들다고 느낄 수도 있다. 이제 당신 자신만의 길을 걸어라. 그러면 멀리까지 갈 수 있다."

헤르만 헤세

이 책에는 5년 후 승승장구하는 사람과 5년 후 여전히 제자리걸음만 하는 사람의 사고와 행동을 설명하고 있다. 전혀 다른 결과를 맞이하는 두 가지 유형의 사람을 대조해 마흔 아홉 가지의 사소한 차이를 소개하려 한다. 우리가 사소하다고 여기는 이 작은 차이가 결국 하나하나 쌓여 엄청난 인생의 차이를 만드는 것이다.

나는 첫 직장인 닛산자동차에 입사해서 코카콜라, 스타벅스 등 일곱 번의 직장을 거치며 다양한 경험을 쌓았다. 모든 직장인이 그렇겠지만, 정신적으로 힘들고 어려웠던 고비를 여러 번 겪었다. 그런 와중에 한없이 나약해지는 나를 다독여 준 것은 바로 선인들이 남긴 수많은 말이었다.

지금까지 내가 엄선한 명언과 격언이 리더가 되고자 하는 사람에게 조금이라도 도움이 되기를 바라는 마음을 담아 이 책을 엮었다. 당신이 이 책을 통해 단 한 번이라도 지친 마음을 위로받고 기운을 얻을 수 있다면 더할 나위 없이 기쁠 것이다.

이와타 마쓰오

제4장 쓸수록 늘어나는 돈과 시간의 활용 차이

제5장 **결국 성공하는 사람들의 인격과 품격 차이**

성과를 만드는 사람들의 사소한 업무 차이

01 작은 일에서 기대 이상의 성과를 올려라

가령 자신이 지금보다 훨씬 더 큰일을
할 사람이라고 생각하더라도
그 큰일은 아주 사소한 일이 쌓여
축적된 결과임을 기억하라.
어떠한 경우라도 사소하고 하찮은 일이라고
우습게 여겨서는 안 된다.
매사에 부지런하고 충실한 진심을 담아
끝까지 완수하기 위해 노력해야 한다.

시부사와 에이치

시부사와 에이치 渋沢栄一(1840~1931)
다이이치국립은행, 도쿄증권거래소 등 평생 동안 500여
개의 기업을 일으킨 인물로 일본 현대 기업사에 가장 큰
영향을 미친 기업가로 꼽힌다. '일본 경제의 아버지', '일
본 금융의 꿈', '일본 현대 문명의 창시자' 등으로 불리며
일본 자본주의 초석을 닦았다고 평가받는다.

<table>
<tr><td>5년 후
제자리걸음만
하는 사람</td><td>매일 반복되는 일상을 얼마나 성실하게 살아 냈는지에 따라 결과가 달라진다는 것을 알지 못한다. 일상의 업무를 하찮은 잡무로 여겨 대충대충 안일하게 처리한다. 작은 일을 소홀하게 여기기 때문에 큰일도 제대로 처리하지 못한다.</td></tr>
<tr><td>5년 후
승승장구하는
사람</td><td>사소한 업무일지라도 하찮게 여기지 않고 성실하게 임한다. 성실함이 몸에 배어 기대 이상의 성과를 내거나 확실한 결과를 이끌어 낸다. 업무 처리를 하면서 깨달은 효율적인 방법이나 경험을 매뉴얼로 남겨 직장 동료와 공유하며 함께 성장한다.</td></tr>
</table>

아무리 작더라도 무의미한 일은 없다

지나온 인생을 되돌아보면 새삼 깨닫게 되는 사실이 있다. 그 당시에는 내게 주어진 일을 성실히 했을 뿐인데, 생각지도 못했던 데서 그런 경험이 결정적인 도움이 되어 좋은 결과로 이어지는 것이다. 아무리 힘들고 어려운 일이라도 최선을 다해 성실하게 하면 뭔가 큰 힘에 이끌려 예정되었던 것처럼 새로운 문이 열리고 좋은 기회가 찾아온다.

자신의 능력을 과소평가하지 않고 최선을 다해 노력하는 한, 우리 인생에서 쓸데없는 경험은 없다고 단언할 수 있다. 모든 경험이 나중에 좋은 토대가 되는 것이다. 애플의 공동 창업자인 스티브 잡스가 스탠퍼드 대학의 졸업식 연설에서 강조했듯 '커넥팅 도트'connecting dot, 즉 점과 점이 연결되어 있다는 사실을 실감할 수 있다. 그 당시는 우연한 선택이었던 일이 나중에 되돌아보면 필연이듯 많은 일이 서로 연결되어 있다.

> "앞만 내다보고 점과 점을 연결할 수는 없다. 다만 나중에 지난날을 되돌아보며 연결할 수 있을 뿐이다. 그렇기 때문에 언젠가 미래에는 각각의 점이 어떻게든 이어진다는 사실을 믿어야 한다. 나는 이런 생각을 버린 적이 없고 그게 내 인생을 바꿔 놓았다."
>
> 스티브 잡스[*]

'이 일을 왜 해야 하는 거지?' 하고 느껴질 만큼 시시하고 하찮게 느껴지는 잡무가 있다. 이런 잡무나 처리하려고 그렇게 고생해서 이 회사에 들어왔나 하는 불만도 생길 수 있다. 하지만 처음부터 아무 경험도 없는 사회 초년생에게 중요하고 큰 업무를 맡기는 경우는 없다. 그런 잡무도 성심 성의껏 처리하다 보면 능력을 인정받아 더 중요한 업무를 맡기도 하고, 더 큰 기회가 찾아올 것이다.

"당신에게 신발을 정리하고 지키는 일이 주어졌다면, 그 일로 나라 전체에서 최고가 되어 보라. 그러면 당신을 그 자리에 계속 두지는 않을 것이다."

고바야시 이치조**

02 눈앞의 일에 최선을 다해 노력하라

"눈앞에 놓인 일에 전념하라.
햇빛도 한 점으로 모아야 불을 붙일 수 있다."

알렉산더 그레이엄 벨

알렉산더 그레이엄 벨 Alexander Graham Bell(1847~1922)
스코틀랜드에서 태어난 과학자이자 발명가로, 전류가
소리로 바뀌어 전달되는 방식의 전화 장치를 발명했다.
최초의 '실용적인' 전화기의 발명가로 널리 알려져 있으
며 이 발명으로 받은 볼타상 기금으로 볼타연구소를 창
설하여 농아교육에 힘썼다.

| **5년 후
제자리걸음만
하는 사람** | 자신은 이런 하찮은 일을 할 사람이 아니라고 생각한다. 일을 하면서 입만 열면 불평불만을 쏟아낸다. 자신의 일에 긍지를 느끼지 못한다. 업무에 최선을 다하기는커녕 어떻게 대충 시간만 때울 것인지 궁리하고 잔머리를 굴린다. |

| **5년 후
승승장구하는
사람** | 작고 사소한 일도 자부심을 갖고 최선을 다한다. 어떻게 하면 효율적으로 일할 수 있을지 연구한다. 주변에서도 그의 성실함을 인정한다. 자신의 능력을 인정받으니 더 재미있고, 열정적으로 일한다. |

성공하는 사람은 어떤 일을 해도 결국 성공한다

대학을 졸업하자마자 입사한 닛산자동차에서 일한 지 3년쯤 되었을 때다. 나는 19개월 동안 오사카의 판매점에서 자동차를 판매하는 영업을 하게 되었다. 처음에는 '제조회사에 들어왔는데 왜 내가 영업을 해야 하는 거지?' 하는 생각에 우울하기 짝이 없었다. 동기들은 본사에서 일하는데 나만 뒤떨어지는 게 아닌가 싶어 초조하기까지 했다.

그렇지만 마음 한구석으로는 '그래도 열심히 판매해서 좋은 실적을 내서 나의 존재 가치를 보여주고 말 거야' 하고 결심하고 마음을 다잡았다. 그 업무를 시작한 3개월간은 신혼임에도 불구하고 하루도 쉬지 않고 매일 고객을 찾아 다니면서 영업을 계속했다. 영업과 관련된 책을 스무 권 이상 읽고, 영업에 필요한 나만의 대화법을 연구하는 등 한눈 팔지 않고 노력했다.

그 결과 전임자보다 아홉 배나 많이 자동차를 판매했고 영업 이익 부문에서도 오사카 전체의 영업자 중에서 2위를 차지했다. 역대 파견 근무자의 판매 기록을 경신하고 사장상을 받았다. 그때 나는 재미있는 사실을 하나 발견했다. 나와 같은 시기에 파견된 동기들 가운데 '저 녀석도 꽤 열심히 하는걸' 하고 느꼈던 친구들은 나처럼 사장상을 받았다. 그런데 회사나 선배들로부터는 높은 평가를 받았지만 내가 보기에 영 신통치 않았던 사람은 역시나 사장상을 받지 못했다.

일을 잘하는 사람은 어떤 일이 주어져도 확실한 실적을 올린다는 사실을 실감했다. 사장상을 받은 사람은 모두 자신만의 판매 방식을 개발했으며, 그 과정에서 각자의 인간적인 면모가 드러나기도 했다. 서로 영업 방식은 달랐지만 최선을 다함으로써 훌륭한 결과를 냈던 것이다. 이처럼 자신에게 주어진 작은 일도 제대로 하지 못하면서 큰일을 잘해 낼 리 없다.

"자신에게 주어진 일에 전력을 다하면 기회는 당신을 찾아
낸다. 그것만이 높은 평가를 받을 수 있으며, 다음 일로 이
어지는 비결이다."

앤드류 매튜스*

미래에 대한 큰 꿈을 갖고 눈앞에 주어진 작은 일에도 최선을
다한다. 꿈이 이루어지면 그다음 꿈을 이루기 위해 꾸준히 노력
한다. "저 사람한테 일을 맡기면 안심할 수 있어." 하는 주변의 평
가가 토대가 되어 더 큰일을 할 수 있는 기회가 주어진다.

나 역시 영업을 잘해 사장상을 받은 것이 계기가 되어 미국으
로 유학을 가게 되었다. 그러면서 탄탄한 경력의 문이 차례차례
열렸다. 좋은 실적이 쌓이니 주변으로부터 '신용'을 얻었고, 그것
이 통장의 잔고처럼 차곡차곡 늘어났다. 당장 얻을 수 있는 경제
적인 이득보다 주변의 신임이야말로 인생에서 가장 값진 재산이
다. 열심히 일한 대가는 반드시 보상받는 법이다.

"돈이나 재물은 나라의 보물이 아니다. 자신이 있는 그 자
리에서 열심히 노력해 밝게 빛나는 사람이야말로 없어서는
안 되는 나라의 귀한 보물이다."

사이초**

큰 혁명을 이룬 사람도 처음에는 작은 행동 하나로 시작했다. 한 사람 한 사람의 작은 행동이 들판의 불길처럼 번져 나가 사람들을 움직이고 세상을 바꾼 것이다. 한꺼번에 세상 전체를 밝게 비추려 하기보다 먼저 자신이 있는 한쪽 구석을 비추어야 한다. 한꺼번에 세상 전체를 밝게 비추려면 태양과 같이 핵융합을 일으킬 만큼의 에너지가 필요하기 때문이다.

당신은 그런 시도 자체가 무모하다는 것을 안다. 먼저 자신의 발밑을 비추는 촛불이 되어야 한다. 각자 자신의 발밑을 밝게 비추다 보면 세상 전체가 밝아진다. 큰 뜻을 품되, 눈앞에 놓인 작은 일에 소홀하지 말고 전력을 다해야 한다. 이때 무엇보다 중요한 것은 구석을 비추려는 그 마음이다.

앤드류 매튜스 Andrew Matthews
호주에서 농부의 아들로 태어나 대학에서 법학을 전공했지만 25세에 미국으로 건너가 초상화를 그리는 만화 예술가가 되었다. 그 후 《즐겨야 이긴다》, 《친구는 돈보다 소중하다》, 《마음 가는 대로 해라》 등 '행복을 그리는 철학자'로 불리면서 베스트셀러 작가, 동기부여 전문가 및 뛰어난 대중 연설가로 활동하고 있다.

사이초 最澄(767~822)
일본 헤이안 시대의 불교 승려로 천태종을 창시했다.

03 프로는 결과로 자신을 증명한다

"프로페셔널이란 어떤 사람일까요?"
텔레비전 방송국에서 취재를 나와
내게 이런 질문을 했다.
나는 '결과를 내는 사람'이라고 대답했다.
하지만 결과를 내기란 좀처럼 쉽지 않다.
어쩌면 '결과가 나올 때까지 포기하지 않는 사람'이라고
말하는 게 옳을지도 모르겠다.

도쿠오카 구니오

도쿠오카 구니오德岡邦夫(1960~)
교토의 고급 요리점 깃초吉兆의 창업자인 유키 데이치湯木貞一의 손자로 1995년부터 교토 아라시야마 본점에서 총요리장으로 현장을 지휘하고 있다. 현재 교토 미슐랭 3스타 '깃초 아라시야마 혼텐'의 오너 셰프로 활약하고 있다.

5년 후 제자리걸음만 하는 사람	결과에 따라 자신의 입장이 달라진다. 나쁜 결과에 대해 책임지기보다 변명하기 바쁘고 자신을 정당화하는 데만 혈안이 되어 있다. "그래도 고생 많았어!"라고 위로하며 스스로 만족할 뿐 반성조차 하지 않는다.
5년 후 승승장구하는 사람	과정도 중요하지만 어디까지나 결과로 능력을 보여준다. 주변에서 "고생하고 애썼어!" 하고 위로해도 그 말에 만족하지 않는다. 결과를 책임지는 단호함을 보여준다. 자신에게 엄격하기 때문에 절대 변명하지 않는다.

꾸준한 노력이야말로 가장 훌륭한 재능이다

누구나 인생에서 수없이 많은 실패를 경험한다. 하지만 우리는 그 실패를 통해 성공으로 나아가야 한다. 비록 실패했어도 포기하지 않고 끊임없이 노력해야만 성공으로 들어가는 문을 열 수 있다. 여기서 가장 중요한 것은 성공할 수 있다는 믿음이다. 만약 성공할 수 있다고 믿지 못한다면 힘든 노력을 계속해 나갈 수 없기 때문이다.

성공하느냐, 못하느냐는 자신을 얼마큼 믿느냐에 달려 있다. 프로는 항상 결과물로 자신의 능력을 증명한다. 만약 만족할 만한 결과가 나오지 않았다면 일하는 과정을 냉정히 분석하고 평가해야 한다. 그런 결과가 나왔다는 것은 일하는 방식이 잘못되었거나 오류가 있었다는 말이다.

또 자신의 노력이 부족할 수도 있다. 하나하나 세심하게 살피면서 자신을 겸허하게 되돌아보고 반성해야 한다. 이때 자신을 합리화하고 변명해서는 안 된다. 우리는 변명을 하는 순간 성장이 멈추기 때문이다. 결과에 승복하고 결과로 자신의 능력을 보여줘야 한다.

하지만 당신이 조직의 리더라면, 기대 이하의 결과가 나왔더라도 일을 진행하는 과정이 좋았으면 그 부분에 대해서는 상대의 노력을 인정해야 한다. 그 직원이 앞으로 잘할 수 있도록 격려하고 사기가 꺾이지 않도록 해야 한다. 또한 나쁜 결과에 대해서는 리더가 책임지는 것이 원칙이며 어떤 상황에서도 그럴 각오가 되어 있어야 한다.

돈을 지불하고 즐거운 일을 하는 것이 취미라면, 프로에게 일이란 즐겁게 하면서 돈을 받는 것이다. 그렇기에 꾸준히 노력할 수 있는 일을 직업으로 택하는 것이 가장 좋다.

"어떤 것에 도전해서 확실히 보상 받을 수 있다면 누구라도 반드시 도전할 것이다. 하지만 보상 받지 못할 수 있는 상황에서 열정과 에너지, 의욕을 가지고 끊임없이 도전하는 것이야말로 대단한 일이다. 나는 이를 재능이라 생각한다."

하부 요시하루*

연습이 재능을 이긴다는 말이 있다. 아무리 재능이 뛰어나도 연습하지 않으면 아무 소용없다. 노력을 계속할 수 있는 재능이야말로 무엇보다 훌륭한 재능이다. 그 재능을 다른 사람보다 많이 갖고 있는 사람이 프로이자 천재이다.

---

* **하부 요시하루**羽生善治(1970~)
일본의 프로 쇼기 기사이다. 1985년 15세의 나이로 프로에 데뷔해 데뷔 첫해 승률 1위를 기록하며 천재 신인으로 유명세를 탔다. 지금까지 영세 7관왕이라는 유례 없는 대기록을 세우며 2018년 일본 국민영예상을 수상했다.

04 사실과 판단을 냉철하게 구분하라

결론부터 말하라.

손정의

손정의(1958~)
재일교포 3세로(일본 이름은 손 마사요시) 일본 최대 소
프트웨어 유통회사이자 IT투자기업인 소프트뱅크 CEO
이다. 고등학교 때 미국으로 가 UC버클리 대학에서 경
영학을 전공했으며 일본으로 돌아와 1981년에 소프트
뱅크를 설립했다. 위기를 기회로 바꾸는 대담함과 추친
력으로 소프트뱅크를 세계적인 기업으로 성장시키며 최
고의 경영자로 주목받고 있다.

말이 장황하고 논리와 결론이 결여되었으며 서론이 길다. 장황하게 늘어놓는 대부분의 말이 자신의 변명으로 일관한다. 말의 논지가 분명하지 않아 그 말을 듣는 사람을 답답하게 만든다.

결론부터 말하고 간결하게 표현한다. 그 후 상대가 이해하기 쉽게 배경을 설명하고 자신의 생각을 명확하게 전달한다. 실수에 대해서도 변명하지 않으며 확실하게 어떤 점이 잘못되었는지 짚고 넘어간다.

비즈니스에서는 두 가지 철칙을 명심하라

비즈니스에서는 메일을 비롯한 모든 문서와 구두 보고를 할 때 결론부터 전해야 한다. 서론이 구구절절하고 이해할 수 없는 변명을 장황하게 써놓고 정작 하고 싶은 말이 무엇인지 전혀 알 수 없는 문서는 그 글을 읽는 사람을 답답하게 만든다. 될 수 있는 한 간결하게 결론부터 전달하라. 우리가 듣고 싶은 것은 결론이다. 다들 바쁘다는 말이다.

그리고 나서 왜 그렇게 되었는지 그 이유를 간결하게 설명한다. 문서를 읽는 사람은 상대가 무엇을 어떻게 해주기를 원하는 지 알고 싶다. 특히 보고서를 작성할 때 안 좋은 상황을 빨리 언급하지 않고 에둘러 설명할 때가 많다. 그럴 경우 결론이 뭔지 파악하기 어렵다.

나도 사장으로 일할 때 '내일 저녁에 시간 좀 내주시겠습니까?' 하는 메시지를 받으면 맥이 빠지곤 했다. 그렇게 애매한 메시지를 받으면 무슨 일인지 도통 감을 잡을 수 없어 신경 쓰이기 때문이다. 좋은 얘기일까, 나쁜 얘기일까, 인사와 관련된 일인가, 아니면 품질에 문제가 생긴 걸까? 온갖 상상이 머릿속을 헤집고 돌아다 녔다. 무슨 용건인지만 미리 알려줘도 사안에 따라 다음 날의 일정을 변경해서라도 당장 이야기를 들을 텐데 말이다. 최고경영자 는 특히 안 좋은 내용일수록 빨리 듣고 싶은 법이다.

"좋은 일에 대한 보고는 다음 날 아침에 해도 상관없다. 하지만 나쁜 일을 보고할 때는 즉시 나를 깨워라."

나폴레옹 보나파르트*

모든 보고는 결론부터 말하라. 이는 비즈니스의 철칙이다. 그렇지 않으면 비즈니스맨으로서 실격이라는 평가를 받을 수도 있다. 부하 직원한테 지시할 때도 마찬가지로 결론부터 말하는 편이 좋다. 상대 역시 결론이 뭔지 빨리 알고 싶기 때문이다. 부하에게 결론부터 말하는 훈련을 시키고, 자신도 모범을 보여야 한다.

보고서를 작성할 때는 한 가지 중요한 사항이 있다. 바로 '사실과 판단을 구분'하는 일이다. '지금 어떤 상황인지'와 '자신이 어떻게 생각하고 있는지'는 완전 별개의 이야기다. 그런데 이런 사실을 종종 헷갈려 하는 사람이 있다. 절대로 사실과 자신의 판단을 혼동해서는 안 된다.

상사가 "지금 무슨 일이 일어난 거지?" 하고 물었는데, 부하는 "아뇨. 아무 문제도 없습니다." 하고 대답하기도 한다. 상사는 부하가 어떤 생각을 하고 있는지 그의 의견이나 판단을 듣고자 하는 것이 아니다. 상사가 알고 싶은 것은 지금 현장에서 어떤 일이 벌어지고 있는지 그 '사실'이 궁금한 것이다.

이럴 경우 사실과 판단이 뒤섞이면 진짜 중요한 사항이 전달되지 않을 수도 있다. 실제로 현장에서는 회사에 매우 큰 리스크를 안겨줄 수 있는 문제가 발생했는데도 담당자의 판단으로 사실을 정확하게 보고하지 않으면 어떻게 되겠는가. 그런데 의외로 이런 상황이 자주 발생한다. 리더는 항상 사실과 판단을 냉정하게 구분한 보고를 받아야 한다. 그래야만 사실에 근거해 합리적인 판단을 하고 최악의 사태를 대비할 수 있는 대책을 강구할 수 있다.

간혹 나도 장황하게 변명을 늘어놓는 보고를 받을 때가 있다.

직장 생활을 하면서 좀처럼 화를 내거나 호통을 치지 않지만, 이런 보고를 받을 때면 화를 누그러뜨리는 게 쉽지 않다. 최고경영자는 한시라도 빨리 사태의 심각성을 파악하고 대책을 세워야 한다. 그런데 하염없이 주절거리는 보고는 대책을 세우는 데 아무런 도움이 안 되다. 때로는 상황을 악화시킬 수 있다.

"우리는 직무를 수행하려면 많은 서류를 읽어야 한다. 그런데 이 서류가 대부분 너무 장황하다. 시간 낭비일 뿐만 아니라 요점을 파악하기도 힘들다. 내가 말하는 대로 쓴 보고서는 매끄럽지 않을지도 모른다. 하지만 시간을 훨씬 절약할 수 있다. 아주 중요한 요점만 간결하게 기술하는 훈련은 생각을 명확히 하는 데도 도움이 된다."

윈스턴 처칠**

---

* **나폴레옹 보나파르트**Napoléon Bonaparte(1769~1821)
총재정부 시기에 유력한 정치군인으로 부상했고 쿠데타를 일으켜 황제가 되었으며 유럽에 프랑스의 혁명 정신(자유, 평등, 박애)을 전파했다. 유럽을 대부분 정복했으나 영국에 대한 대륙봉쇄령에 실패하고 러시아 원정에서 대패한 이후 몰락해 엘바 섬으로 유배되었다. 이후 다시 백일천하를 누렸지만 워털루 전쟁에서 패배한 후 세인트헬레나 섬에서 최후를 맞이했다.

** **윈스턴 처칠**Winston Leonard Spencer Churchill(1874~1965)
영국 수상으로 제2차 세계대전 중에 미국, 소련과 연합하여 독일의 공격을 막아 내고 전쟁을 끝냈다. 《제2차 세계대전 회고록》으로 1953년 노벨 문학상을 받았다.

기억에 의지하지 말고 기록으로 남겨라.
현역 시절에 나는 경기에서 맞붙은
모든 투수가 던지는 공의 특성과 습관을
세세히 기록했다.

노무라 가쓰야

노무라 가쓰야野村克也(1935~)
전 프로야구 선수이자 야구 감독, 야구 해설가, 평론가
이다. 현역 시절에는 난카이 호크스와 롯데 오리온스,
세이부 라이온스에서 활약했으며, 은퇴 후에는 야쿠르
트 스왈로스, 한신 타이거스, 사회인 야구팀인 시닥스,
도호쿠 라쿠텐 골든이글스의 감독을 맡았다. 일본 프로
야구에서 통산 3017경기 출전을 기록한 유일한 선수
이다.

5년 후 제자리걸음만 하는 사람	중요한 이야기를 들어도 메모하지 않는다. 애초에 메모를 하지 않기 때문에 중요한 이야기를 나눴다는 사실 자체를 잊어버린다. 기록하지 않기 때문에 자신이 무엇을 놓쳤는지 파악하지 못하고 항상 똑같은 실수를 반복한다.
5년 후 승승장구하는 사람	중요한 일은 바로바로 적고 기록으로 남긴다. 빨리 그 일을 처리하기 위해 노력한다. 구두로 한 약속도 상대에게 메일을 보내는 등 문서로 명확하게 확인한다. 일상에서도 자신의 단점을 기록해서 되돌아본다.

자신의 기억력을 믿지 말고 반드시 기록하라

일본 자본주의의 아버지인 시부사와 에이치는 메모광이었다고 한다. 사이타마 현 후카야深谷에서 부농의 아들로 자란 시부사와는 에도막부의 마지막 장군으로 메이지유신의 기틀을 마련한 도쿠가와 요시노부德川慶喜의 남동생인 도쿠가와 아키타케德川昭武를 수행하여 프랑스를 비롯한 유럽 시찰 길에 올랐다.

그 당시 프랑스는 나폴레옹 3세가 군림하던 시기로 파리 만국박람회가 열리고 있었다. 시부사와는 약 2년 동안 유럽에 머물면서 지중해와 홍해, 인도양을 잇는 수에즈 운하와 파리의 상하수도, 철도, 우편선, 직물 공장 등을 방문하고 바지 벨트에 표시한 눈금으로 필요한 것을 계측하여 모든 것의 치수를 상세히 기록했다.

시부사와는 주식회사가 '관청이 아닌 민간이 회사채를 발행해 자금을 모으고 대규모의 공익사업을 벌이는 조직'이라는 사실을 배웠다. 게다가 관리와 시민 사이에 상하 관계가 없는 프랑스 사회를 목격하고 도쿠가와 시대부터 남아 있던 관존민비官尊民卑 사상에서 비롯된 상하의 구별에 강한 의문을 느꼈다. 또한 그는 자주독립 정신의 중요성을 주장했다.

"사람은 모두 자주독립해야 하는 존재다. 자립 정신은 다른 사람에 대한 배려와 함께 인생의 근본을 이루는 요소다."

시부사와 에이치

젊을 때는 시부사와처럼 기록하는 습관을 들이는 것이 중요하다. 기록은 상대에게 경의를 표현하는 행위이기도 하다. 상대가 하는 말을 중요하게 받아들이고 기억함으로써 상대를 존중할 수 있기 때문이다. 또 글로 쓰면 기억을 정착시킬 수 있다. 아무리 머리가 좋아도 모든 것을 기억할 수 없다. 머리가 좋은 사람은 필요한 것을 잊지 않도록 기록하는 겸허한 사람을 말한다.

더 나아가 자신이 시간을 어떻게 사용하고 있는지 기록하는 것도 중요하다. 무척 번거로운 일이 분명하지만 일주일만 기록해 보면 자신이 시간을 효율적으로 쓰고 있는지 혹은 헛되게 낭비하는 것은 아닌지 알 수 있다. 최근에는 많은 사람이 수첩 대신 스마트폰으로 일정을 관리한다.

그렇지만 언제 무슨 약속과 일정이 있는지 예정만 적을 뿐이다. 실제로 시간을 어떻게 사용했는지에 대해서는 파악하지 못할 때가 많다. 단순한 스케줄만 적기보다 오늘 하루를 어떻게 보냈는지, 그날 무엇을 하면서 지냈는지 적어 보자. 꾸준히 기록해 보면 자신이 시간을 어떻게 활용하는지 알 수 있다. 후에 그 기록을 보고 깜짝 놀랄지도 모른다.

자신이 생각하는 것보다 많은 시간을 SNS에 써버렸을 수도 있고, 그렇게까지 시간을 할애할 생각이 없었던 업무에 상당한 시간이 걸리기도 했을 테니까. 그다지 중요하지 않은 일에 많은 시간을 허비했다는 사실을 깨닫기도 한다. 무엇을 했는지 도무지 생각나지 않는 공백의 시간이 의외로 많을 수도 있다.

이런 상태라면 시간을 유효하게 활용했다고 말할 수는 없다. 많은 사람이 시간을 효율적으로 활용하는데, 그럼에도 시간이 충분하지 않았다고 생각한다. 하지만 실제로 시간을 어떻게 보냈는지 꼼꼼하게 기록해 보면, 그렇지 않다는 사실을 한눈에 파악할 수 있다.

"사람들은 많은 시간을 헛되이 보내고 있다. 누구나 시간이 무한한 것처럼 행동한다. 하지만 실제로 시간이야말로 한정된 자원이며, 그 한정된 시간을 제대로 활용하지 못하고 있다."

대니얼 카너먼*

* **대니얼 카너먼**Daniel Kahneman(1934~)
미국 프린스턴 대학의 명예교수이며 행동경제학의 아버지라 불리고 있다. 2002년 심리학 연구를 경제과학에 도입한 공로를 인정받아 미국의 경제학자 버논 스미스와 함께 노벨 경제학상을 공동 수상했다. 그는 불확실성 속에서 내려지는 인간의 판단과 의사 결정을 조사하는 연구를 했다.

06 일에서의 프로는 완벽주의자다

인간은 자신의 마음이
해이해지지 않는다고 생각하지만,
사실 마음은 해이해지기 마련이다.
어떻게 해서 마음을 다잡을지는
끊임없이 스스로 자문자답하는 수밖에 없다.

혼다 게이스케

혼다 게이스케本田圭佑(1986~)
멕시코의 축구클럽인 'CF 파추카'Club de Fútbol Pachuca
에서 활약하고 있는 축구 선수이다. 포지션은 공격형
미드필더이고 세리에 A에서는 오른쪽 윙어로 뛰었다.
프리킥을 강력하고 영리하게 차는 무회전 킥으로 정평
이 나 있다. 2008년 일본 국가대표팀에 발탁되어 총 80
경기 이상 뛰었다.

5년 후 **제자리걸음만** **하는 사람**	업무를 하나 끝내면 끝이라고 생각한다. '이 일은 끝났으니까 됐어!' 하고 다시 검토하거나 피드백을 받지 않는다. 중요한 과정을 누락시키거나 실수를 자주 한다. 애초에 일을 적당히 하는 습관이 있어 검토나 확인을 하지 않는다.
5년 후 **승승장구하는** **사람**	업무를 끝내고 실수나 누락이 없는지 거듭 확인한다. 일과 자신에 대해 엄격하며 완벽을 추구하는 자세로 생활한다. 누구나 실수할 수 있다는 마음가짐으로 실수를 했더라도 재빨리 대책을 강구한다.

사람은 누구나 실수한다.
얼마나 빨리 실수를 만회하느냐가 중요하다

나는 성격이 급해서 빠뜨리는 것도 많고 깜빡깜빡 실수도 자주 한다. 하지만 내가 지금까지 봐온 능력 있는 사람은 예외 없이 사소한 업무조차도 확실하게 처리하는 습관이 있다. 하나같이 모두가 완벽주의자다. 일을 완벽하게 처리하기 위해 몇 번이고 누락시킨 것은 없는지, 실수한 것은 없는지 거듭 확인하고, 다른 사람에게 확인을 받기도 한다.

소위 일을 잘한다고 하는 사람들은 최악의 상황까지도 상정하고, 만일의 사태를 대비한 방안을 준비해 둔다. 완벽한 대비책을 마련하는 것이다. 자신의 손을 떠난 업무도 담당자가 그 일을 제대로 인수했는지, 내용을 정확하게 이해했는지, 실행에 옮기고 있는지 자연스럽게 확인한다. 그런 모습이 한편으로는 다른 사람을 믿지 못하는 것처럼 비치기도 하고 매사에 부정적으로 느껴지기도 한다.

하지만 그가 그런 행동을 하는 이유는 자신도 실수한 경험이 있기 때문에 다시는 똑같은 실수를 반복하지 않기 위함이다. 진정한 프로의 모습이 아닐 수 없다. '사람은 믿어도 되지만, 사람이 하는 일은 믿지 마라'는 말이 있다. 우리가 잘못된 의사 결정을 내리는 경우는 그 재료인 '사실'이 부족하거나 정보가 잘못되었을 때다. '잘못된 정보'를 가지고 올바른 판단을 할 수는 없다. 이런 이유로 정확한 정보는 매우 중요하며, 정확한 정보를 얻기 위해 노력해야 한다.

리더는 가능한 한 1차 정보를 얻기 위해 스스로 최전선에 뛰어들어 직접 이야기를 듣고 눈으로 확인해야 한다. 그렇다면 1차 정보는 왜 이렇게 중요할까? 정보가 전달되는 과정에서 보고자의 판단이 개입되면 사실이 왜곡될 위험성이 있다. 말 전하기 게임을 해보면 알 수 있듯이 상대의 말을 잘못 알아들을 확률이 정말 높다.

어떤 악의가 있어서가 아니라 원래의 정보와 다르게 착각한 내용을 옳다고 믿는 경우도 빈번하다. 때로는 자신이 해석한 대로 인식하고 다른 사람에게 전할 때도 많다. 그런데 그 말을 잘못 인식한 채 받아들이면 이후 엄청난 결과를 초래할 수도 있다.

나는 닛산자동차와 코카콜라에서 일할 때 최전선이라 할 만한 부서에서 오랫동안 근무했다. 현장과 가장 가까운 부서에서 실수하거나 잘못 전달하면 곧바로 최악의 결과로 이어질 수 있기 때문에 항상 아주 세세한 부분까지 몇 번이나 확인하곤 했다.

까딱 잘못 판단했다가는 부품 공급에 차질이 생겨 공장 가동을 중지해야 할 만큼 위험성이 컸기에 부담감이 심했지만 그만큼 일에 대한 책임감을 배울 수 있었다. 재차 강조하는데 사람을 믿는 건 좋지만, 사람이 하는 일까지 믿어서는 안 된다. 전혀 그럴 의도가 없었지만 우리는 자신이 듣고 싶은 대로 정보를 왜곡하는 습성이 있기 때문이다.

"인간이란 왜 이렇게도 착각하는 것일까. 왜 잘못 인식하는 걸까. 왠지 오해가 많다. 오해하는 것은 이해력이 부족해서가 아니다. 이해하려 하지 않을뿐더러 자신이 바라는 대로 해석하려 한다. 요컨대 자신이 해석하고 싶은 대로 인식하기 때문에 오인하고, 틀리고, 결국에는 어리석은 사고에 이르는 것이다."

모리 히로시*

설사 부하 직원이나 거래처에서 눈치를 주거나 대놓고 싫어하더라도 사소한 업무까지 일일이 확인해야만 한다. 아무렇지 않은 듯 "그건 어떻게 됐지? 잘 해결됐나?" 하고 자주 묻고 짚어 보라. 부하의 입장에서는 상사가 자신을 신뢰하지 않는다고 서운해하거나 언짢아 할지도 모른다. 하지만 아무리 부하를 신뢰해도 인간인 이상 깜빡 잊어버리고 실수할 수 있다.

리더는 이 사실을 잊어서는 절대 안 된다. 대부분 몇 번의 낭패를 보고 나면 나처럼 저절로 그렇게 되기도 한다. 하지만 언제 어느 때고 리더는 상대의 말을 정확하게 인식할 수 있도록 매사에 신중해야 한다.

---

* 모리 히로시森博嗣(1957~)
일본의 엔지니어 겸 작가. 공학박사로 나고야 대학 조교수로 재직했다. 1996년 데뷔해 그해 제1회 메피스토 상을 수상했으며 정통 추리물을 비롯한 다양한 분야에서 작품 활동을 하고 있다. 《모든 것이 F가 된다》, 《고독이 필요한 시간》, 《유한과 극소의 빵》 등의 저서가 있다.

07 정확한 사실만이 문제 해결의 실마리

가설은 건축하기 전에 세워졌다가
건물이 완성되면 철거되는 외벽 발판 구조물이다.
발판 구조물은 작업하는 사람에게 꼭 필요하다.
다만 작업하는 사람은 그 발판 구조물을 건물이라고
생각해서는 안 된다.

요한 볼프강 폰 괴테

요한 볼프강 폰 괴테Johann Wolfgang Von Goethe
(1749~1832)
독일 라이프치히 대학에서 법률을 전공하고, 변호사 생활을 했지만 문학에 헌신했다. 바이마르 아우구스트 대공의 후원을 받으며 수많은 작품을 썼고, 이탈리아 여행에서 알게 된 실러와 막역한 친구가 되었다. 많은 작품을 집필했지만 23세 때부터 쓰기 시작해 82세에 완성한 《파우스트》는 문학사에 길이 남는 걸작으로 꼽힌다.

5년 후 제자리걸음만 하는 사람	근거도 없이 소문이나 막연한 추측으로 사실을 단정한다. 신빙성 없는 소문만 믿고 진실인 양 다른 사람에게 전한다. 확인 과정을 거친 그 사실을 근거로 의견을 제시하는 게 아니라 소문에만 귀를 기울이고 그 말을 전한다.
5년 후 승승장구하는 사람	경험이나 관찰을 토대로 사실에 근거한 가설을 제시한다. 소문이나 주변 말을 무턱대고 믿지 않으며 확실한 정보를 수집하고 검증한다. 겸허한 자세로 무엇이 잘못되었는지 검토하고 반성한다. 다시는 그런 실수를 하지 않도록 주의한다.

올바른 전략은 가설에서 시작된다

전략은 어떻게 짤 것인가? 그 방법을 설명하겠다. 먼저 닥치는 대로 데이터를 모아서는 안 된다. 가장 먼저 자신의 경험이나 그 분야의 전문가로부터 들은 조언을 바탕으로 여러 개의 가설을 세워야 한다. 그리고 그 가설을 근거로 한 정보와 데이터를 모아 검증한다. 반드시 정보 수집은 가설이 전제되어야 한다.

그리고 수집한 자료를 근거로 결론을 이끌어 낸다. 이때 자신의 가설과 상충되는 불리한 데이터를 무시해서는 안 된다. 그러기 위해서는 가능한 한 날 것 그대로의 1차 정보를 취한다. 사람들에게 걸러진 2차 정보에는 그들의 판단이나 해석이 개입될 수 있으며, 심한 경우는 편견까지 가미된다.

사람들은 대개 신문이나 방송에서 나오는 정보가 사실이라고 믿는다. 나 역시 어렸을 때는 그렇게 굳게 믿고 있었다. 하지만 초등학교 때 있었던 사건을 통해 그렇지 않을 수 있음을 깨달았다. 한 신문 기자가 당시 유행하던 줄넘기를 취재해 기사를 게재한 적이 있었다. 담임선생님이 그 신문 기사의 내용 중 실제 사실과 다른 부분을 빨간 펜으로 밑줄을 쳐서 아이들에게 보여주었다. 기사의 대부분에 빨간 밑줄이 그어져 있었다.

그때까지만 해도 신문에는 사실만이 실린다고 믿었던 나는 큰 충격을 받았다. 그 후 경영자가 되어 많은 언론과 인터뷰를 했는데 역시나 대다수의 매체가 나와의 인터뷰 내용이 아닌 미리 작성해 둔 정도의 기사나 해설밖에 싣지 않았다. 많은 신문사가 인쇄하기 전에 기사 내용을 확인시켜 주지 않으므로 기자들은 기사를 쓸 때 정말 신중해야 한다. 하지만 그러지 못하는 경우가 허다하다.

극단적인 경우로 수집한 1차 정보에 자신의 의도와 맞지 않는 내용이 있더라도 예외로 치부해서는 안 된다. 더 나아가 사장의 의도에 맞지 않는 '사실'이 발견되어도 이를 외면하지 말아야 한다. 그럴 때는 '사실이 사장보다 우위'라고 생각하면 된다. 아무리 절대 권력의 사장이라도 사실 앞에서는 겸허해야 한다. "그럴 리 없다!"며 격노하던 사장도 실제로 일어난 사실을 전한다면 인정하지 않을 수 없다.

> "우선 확실한 사실을 자료로 모으는 것이 중요하다. 공평한 시각으로 모든 사실을 모으지 않았다면 그 문제에는 손대지 않아야 한다."
>
> 데일 카네기*

예를 들어 고객을 대하는 자사의 서비스 수준이 향상되었는지, 아닌지 알기 위해서는 정량적인 데이터가 필요하다. 그렇지 않으면 감각으로밖에 알 수 없다. 사람의 감각은 불확실하며, 많은 부분을 자신한테 유리한 쪽으로 해석하기 마련이다. 이때는 손님으로 가장해서 매장의 영업 실태를 조사하거나, 매장을 방문한 고객으로부터 직접적인 평가를 들어야 한다.

또 이를 제대로 반영하려는 노력을 게을리해서는 안 된다. 고객이 어떻게 느끼는지 정량적이고 객관적으로 이해하지 못한다면 올바른 전략을 펼 수 없다. 그럼에도 불구하고 이처럼 기본적인 방식으로 일하지 않는 조직이 상당수이다.

사실과 정확한 수치를 근거로 한 팩트 베이스fact base에 대한 논의는 글로벌 시장에서도 매우 중요하다. 유럽이나 미국에서는 아주 세세한 내용까지 따지는데, '수치를 바탕으로 한 팩트는 이러이러하다'고 조목조목 설명하면 의외로 순순히 인정한다. 사실에 의거한 통계나 자료를 바탕으로 하는 결론에는 무척이나 열린 태도를 보인다.

이와 반대로 팩트가 아닌 추측이나 어떠한 근거도 없는 막연한 의견에 대해서는 아무리 설명해도 좀처럼 수긍하지 않는다. 외국과 비즈니스를 할 때는 이 점에 유의해야 한다.

관찰과 경험을 토대로 가설을 세우고, 가설을 뒷받침하는 자료를 수집하고 분석한 다음 결론을 이끌어 내라. 이런 기본적인 개념이 비즈니스에서는 매우 유용하고 중요하다.

---

*　데일 카네기Dale Breckenridge Carnegie(1888~1955)
미국의 센트럴 미주리 대학을 졸업하고 교사, 세일즈맨으로 사회생활을 시작했다. 1912년 YMCA에서 성인 대상의 대화 및 연설 기술을 강연하면서 이름을 알렸다. 선풍적인 인기에 힘입어 카네기 연구소를 설립, 인간 경영과 자기계발 강좌를 개설했다. 《데일 카네기 인간관계론》, 《데일 카네기 성공 대화론》, 《데일 카네기 자기관리론》, 《화술 123의 법칙》 등을 저술했다.

08 일이 즐거워지도록 디자인하는 방법

일이 시시하게 느껴질 때는
먼저 자신만의 작은 목표를 하나만 찾아내라.
더욱 효율적인 방법은 없을까?
고객을 기쁘게 하는 일은 무엇일까?
그리고 목표를 성공시키기 위해
어떤 방법으로 일해야 할지 곰곰이 연구하라.
작은 목표를 달성하고 나면
일이 훨씬 즐거워진다.

기타시로 카쿠타로

기타시로 가쿠타로 北城恪太郎(1944~)
일본의 경영자이자 교육자로 게이오주쿠 대학 공학부
를 졸업했다. 일본 IBM 사장과 회장을 역임했으며 국
제기독교대학 이사장, 문부과학성 중앙교육심의회 위
원 등을 겸직했다. 《최고가 되는 길》, 《춤추던 코끼리는
어떻게 되었을까》 등의 저서가 있다.

일에서 진정한 의미를 찾지 못하고 하찮게 여긴다. 직업은 먹고살기 위한 수단에 불과하다. 아침에 눈을 뜨면 기계적으로 출근해서 퇴근 시간만 기다리며 시계만 들여다본다. 퇴근 이후의 시간만 소중하게 생각한다.

일에서 보람을 느끼고 즐겁게 생활한다. 아침에 눈을 뜨면 활기차게 하루를 시작하고, 출근해서도 업무를 처리하며 희열을 느낀다. 일을 통해 발전을 도모하며 어떻게 해야 업무를 효율적으로 처리할 수 있는지 고민한다.

의미 있는 인생을 보내려면 어떻게 일해야 할까

직업이나 일을 표현하는 일본어인 '仕事'('시고토'라고 읽는다—옮긴이)의 한자를 풀이하면 '어떠한 일事을 섬긴다仕'라는 뜻이다. 수동적인 '일'仕事을, 자신의 의지意志(미션)를 완수하는 수단으로써의 '일'志事(仕事와 똑같이 시고토라고 읽는다. 같은 발음이지만 한자에는 더 능동적인 의미가 담겨 있다—옮긴이)로 바꾸어 생각하는 것이 중요하다.

우리의 인생에서 노동 시간은 정말 많은 부분을 차지한다. 만약 그 시간이 고통스럽거나 무의미하게 흘러간다면 하루하루가 괴로울 것이다. 하지만 일하는 것이 즐겁고 보람을 느끼며, 그 일을 통해 자신의 꿈과 원하는 바를 이룰 수 있다면 의미 있는 인생을 보낼 수 있다.

"성공하려면 자신이 하는 일을 좋아해야 합니다. 좋아하는 일을 찾지 못했다면, 계속해서 찾으세요. 적당히 타협해서도 안 됩니다. 마음속에서 일어나는 모든 문제가 그렇듯 여러분은 그 일을 발견하면 저절로 알게 될 것입니다."

스티브 잡스

아무리 별거 없어 보이는 단순노동도 효율적으로 할 수 있는 방법을 모색하고 게임을 하듯이 즐기면 좋다. 작업이 진척되는 상황을 그래프로 그려 보거나 해야 할 일을 목록으로 만들어 하나씩 끝낼 때마다 선을 그어 지워 가는 방법도 좋다. 그렇게 눈으로 진행 결과를 확인하다 보면 사소하게나마 성취감을 맛볼 수 있다.

때로는 '이 일을 마치면 휴식을 가져야지' 또는 '여행을 갈 거야' 하는 식으로 자신에게 작은 포상을 주는 것도 좋다. 어차피

해야 하는 일이라면 또 피할 수 없는 일이라면 즐기려는 마음가
짐이 중요하다.

"나는 단 하루도 소위 노동을 한 적이 없다. 무슨 일을 하든
굉장히 즐거우니까."

토머스 에디슨*

즐겁게 일하기 위한 몇 가지 비결을 소개하겠다.

- 어떤 일도 반드시 누군가에게 도움이 된다. 자신이 하는 일
  이 어떤 의미를 갖고 왜 중요한지 알면 그 일을 통해 보람
  과 자부심을 가질 수 있다.
- 모든 일에서 100점 만점을 받겠다고 생각하지 말고 80점
  정도만 되어도 만족한다. 시간이 남으면 세세한 부분까지
  노력해서 100점을 목표로 한다.
- 자신만의 마감 시한을 설정해 두고 그보다 일찍 일을 끝냄
  으로써 시간에 쫓기지 않게 한다. 언제라도 예기치 못한 돌
  발 상황이 발생할 수 있다는 점을 염두에 둔다.
- 예전에는 할 수 없었던 일을 잘하거나 빨리 처리함으로써
  성취감을 느낄 수 있다. 또한 일을 통해 인간적으로 성장했

다는 긍지를 갖는다.

* 땀 흘려 얻은 금전적인 대가를 기쁘게 받아들인다.

학생 시절의 기억 하나가 떠오른다. 평소에는 불성실한데도 성적이 좋은 급우가 있었는데 그는 언제나 공부를 게임처럼 즐겼다. 그는 암기를 할 때도 무작정 외우는 게 아니라 재미있는 말과 연결하는 등 자신만의 방법을 연구했다. 또 필기할 때도 다양한 문구류를 사용해 노트는 다채로운 색상으로 가득했다. 그러면서도 시험이 끝나면 여학생들과 어울려 놀았으니 한마디로 인생을 즐기는 친구였다.

노는 것처럼 즐겁게 일하고, 일하듯 열심히 놀자.

이것이 나의 모토다. 주변을 살펴보면 인생을 즐기면서 일하는 사람이 있는 반면, 일에 쫓겨 허둥지둥 시간을 보내는 사람도 있다. 당신은 어떤 삶을 선택하고 싶은가?

---

* 토머스 에디슨 Thomas Alva Edison (1847~1931)
축음기, 백열전구, 무성영화 등 수많은 발명으로 미국 특허를 1,093개 보유한 천재 발명가이다. 어린 시절 지진아로 불릴 만큼 학교 공부와는 거리가 멀었고, 전신기사로 사회생활을 시작했지만 뒤늦게 자신만의 연구에 몰두해 백열전구를 발전시키고 생산법을 발명했다.

09 멀티플레이의 거짓말에 속지 마라

성과를 올릴 수 있는 가장 중요한 비결을
한 가지만 꼽으라면, 그것은 집중이다.
성과를 내는 사람은 가장 중요한 일부터 시작한다.
게다가 한 번에 한 가지 일밖에 하지 않는다.

피터 드러커

피터 드러커Peter Ferdinand Drucker(1909~2005)
오스트리아 출신으로 현대 경영학을 창시한 학자라고
평가 받는다. 현대 경영의 본질과 방향을 제시하여 전
세계 수많은 기업인들의 멘토가 되어 왔다. 또한 어떻게
인간이 사업과 정부기관과 비영리단체를 통해 조직화되
는가에 대해 탐구하고 20세기 후반의 많은 변화를 예측
했으며 1959년에는 지식 노동자라는 개념을 고안했다.
《최고의 질문》, 《자기경영노트》, 《플래너》 등의 저서가
있다.

<table>
<tr><td>5년 후
제자리걸음만
하는 사람</td><td>순발력과 즉흥적인 창의력이 있어 다양한 분야에 관심이 많다. 이것저것 많은 일에 손대지만, 이내 싫증을 느낀다. 시작만 하고 중도에 포기하므로 결과도 나오지 않는다. 전문 기술과 노하우를 익히지 못하며 자신감도 없다.</td></tr>
<tr><td>5년 후
승승장구하는
사람</td><td>한번 일을 시작하면 전문가가 될 때까지 착실하게 몰두한다. 끝장을 보는 성격으로 성공할 때까지 절대 포기하지 않는다. 성공 경험을 통해 자신감이 붙어 새로운 도전도 두려워하지 않는다.</td></tr>
</table>

정기적으로 혼자 생각할 시간을 확보한다

아무리 멀티플레이한 재능을 타고났어도 우리가 동시에 집중할 수 있는 일은 기껏해야 세 가지 정도라고 한다. 그렇다고 그 세 가지를 동시에 처리할 수 있다는 말은 아니다. 업무를 처리할 때는 각각의 업무가 지니는 중요성과 긴급성을 고려해 우선순위를 매기고, 가장 중요한 일에 집중해야 할 것이다. 그런데 대부분 긴급하게 처리해야 하는 일이 최우선 순위가 된다.

그렇기 때문에 아무래도 '중요하지만 긴급하지 않은 일'은 뒷전으로 밀리고 소홀해지기 쉽다. 예를 들면 '인생의 미션을 정한다', '오랫동안 만나지 못한 부모님에게 연락한다' 등의 일은 긴급성은 없지만 매우 중요한 일이 분명하다. 반면에 매일 처리해야 하는 긴급하지만 잡다한 일은 셀 수 없이 많다.

물론 우리는 '중요하면서도 긴급한 일'부터 차례차례 처리해 나가야 한다. 이때 중요하지도 않으면서 자신이 반드시 하지 않아도 되는 일은 가능한 한 다른 사람에게 맡기는 것이 좋다. 소위 말해 잡무의 아웃소싱이다. 그러고 나서 정말 자신이 해야 하고 자신밖에 할 수 없는 일에 집중한다.

보통 집중이라 하면 중요하지 않은 일을 일절 잘라 낸다는 것을 뜻한다. 그만큼 작정을 하고 그 일에만 집중하겠다는 의지의 표현이다. 한 분야에서 뛰어난 성과를 이룬 사람은 그것이 비즈니스든 스포츠든 그 한 가지 일에만 집중했다. 그래야만 남과 차별화되는 업적을 올릴 수 있기 때문이다.

"사소한 일에서 차곡차곡 성과를 쌓아 올리는 것이야말로 엄청난 결과를 내는 유일한 길이다."

스즈키 이치로*

스타벅스 CEO였던 시절, 나는 상장회사의 경영자는 원래 이렇게 바쁜 건가 싶을 만큼 깜짝 놀랐다. 정말 눈 깜짝할 사이 3개월 후의 일정까지 꽉 들어차곤 했다. 상대가 만나고 싶다는 의사를 전해 와도 우선순위를 정해야 해서 길게는 1년이나 기다릴 때도 있었다. 그렇게 정신없이 바쁜 상황에서도 나는 2주에 한 번은 일정 정도의 시간을 확보하고 싶다고 비서에게 부탁했다.

사실 일주일에 한 번으로 하고 싶었지만, 내가 판단해도 그건 도저히 무리였다. 그래서 2주에 한 번씩, 세 시간 정도 혼자 생각할 시간을 만들었다. 대개는 회의가 적은 금요일 오후가 되었는데, 그렇게 한 이유는 혼자 차분히 생각할 시간을 갖고 싶었기 때문이다. 나는 그 시간에 '지금 스타벅스 CEO로 무엇을 해야 하는가?' 하고 자문하고 진지하게 고민했다.

정말로 머리를 움직여 생각하고 싶을 때는 20분이나 30분 정도의 짧은 시간으로는 그다지 의미가 없어 보인다. 실제로 한 시간 동안 어떤 생각에 집중한다 해도, 시작하는 데 10분에서 20분은 걸린다. 게다가 마지막 10분 정도는 다음 일정이 신경 쓰여서 좀처럼 집중하지 못한다. 그러면 실질적인 알맹이는 고작해야 30분 내지 40분밖에 되지 않는다.

결제에 사인하거나 메일 등의 확인은 자투리 시간에도 얼마든지 할 수 있지만 현재 회사와 관련된 장기적인 과제를 하나하나

짚어 보거나 앞으로의 사업 전략과 방향성을 차분히 고민하려면 어느 정도의 시간이 절대적으로 필요하다. 나의 경험으로는 두 시간도 괜찮지만 가능하면 세 시간 정도를 정기적으로 확보하는 게 좋다. 이렇게 따로 시간을 내야 하는 이유가 뭘까? 조직의 리더는 누구보다 바쁘기 때문에 의도적으로 시간을 내서 자신과 주변을 살펴야 한다.

"무언가에 관심이 있다면 새로운 관심거리를 찾을 필요는 없다. 저절로 나에게 다가오기 때문이다. 순수하게 한 가지 일에 몰두하다 보면 반드시 다른 무언가로 이어지는 법이다."

엘리너 루스벨트**

*   스즈키 이치로鈴木一朗(1973~)
메이저 리그의 프로야구 선수다. 일본 프로야구 시절에는 오릭스 블루웨이브의 중심 타자로 맹활약했으며 2001년 미국 메이저 리그에 진출하며 시애틀 매리너스와 뉴욕 양키스에서 활약했다. 이치로의 활약으로 '아시아에는 타자가 없다'는 미국인의 인식이 크게 바뀌었으며 미국에서도 안타 제조기라는 별명이 붙었다.

**   엘리너 루스벨트 Anna Eleanor Roosevelt(1884~1962)
제26대 미국 대통령 시어도어 루스벨트의 조카딸로 뉴욕에서 태어났다. 제32대 대통령인 프랭클린 루스벨트의 부인으로 미국 역사상 가장 활동적인 영부인으로 알려져 있다. 여성 사회운동가이자 정치가로 여성과 인권 문제 등에서 활약했다.

10 해답은 언제나 초심에서 나온다

우리는 탐구를 멈추지 말아야 한다.
그리고 모든 탐구의 목적은
우리가 처음 출발했던 곳으로 되돌아가
비로소 그 장소를 새롭게 인식하는 일이다.

토머스 엘리엇

토머스 엘리엇 Thomas Stearns Eliot(1888~1965)
미국에서 태어나 영국에서 활동한 시인이자 평론가,
극작가이다. 20세기 모더니즘을 이끈 대표적인 시인으
로 염세적인 정서와 새로운 방식의 시적 기교로 독창
적인 시 세계를 펼쳐 나갔다. 1948년 노벨 문학상을
수상했다.

5년 후 제자리걸음만 하는 사람	일할 때 긴장감이나 진지함이 없고 느긋하고 적당히 한다. 똑같은 업무라도 어떻게 하면 효율적으로 처리할 수 있는지 고민하기보다 매너리즘에 빠져 새로운 아이디어를 내거나 개선하고자 하는 의지가 없다.
5년 후 승승장구하는 사람	어떤 일을 하든 초심으로 돌아가 이 일이 왜 중요한지 깊이 인식한다. 처음 이 일을 배웠을 때의 긴장감을 잃지 않고 언제나 자신이 부족하다고 생각한다. 겸손한 마음가짐으로 일하기 때문에 신뢰를 받으며 항상 배우고자 하는 자세를 지닌다.

일이 익숙하고 마음이 편하다면 황색 신호가 켜진 것이다

어떤 일도 몇 년간 계속하다 보면 그 일이 손에 붙고 익숙해진다. 때로는 몸이 먼저 반응해 기계적으로 일하고 있는 자신을 발견할 때도 있다. 하지만 그럴 때일수록 방심해서는 안 된다. 사고란 예정되어 있는 게 아니라 한순간 방심할 때 부지불식간에 오기 때문이다.

그래서 일을 할 때는 처음 이 일을 배우기 시작했을 때의 긴장 감을 절대 놓아서는 안 된다. 항상 초심으로 돌아가 겸허한 자세로 업무에 임해야 한다. '내가 왜 이 길을 선택했는가? 이 일을 통해 나는 어떤 삶을 살고 싶으며 얼마만큼 발전하고 싶은가?' 하는 마음가짐과 비전을 품고 있어야 한다.

한 분야에서 실력을 인정받은 사람은 사소한 업무라도 안이하게 여기지 않으며 매사에 신중하고 긴장하는 태도를 지닌다. 보통은 웬만큼 실적을 올리면 '이 정도면 됐어!' 하고 안이해지기 마련이다. 그런데 성공한 사람은 높은 실적으로 올리고 나서도 그 수준을 유지하기 위해 끊임없이 노력한다.

또 '혹시라도 잘못되면 어쩔 뻔했을까!' 하는 위기의식을 갖고 있다. 매 순간 긴장감을 늦추지 않고 모든 일에 만전을 기한다. 즉 최선의 상태에서 자신의 업무에 몰두한다는 말이다.

"진실로 날마다 새롭고자 한다면

나날이 새롭게 하고 또 날이 갈수록 새롭게 하라."

탕왕*

일을 할 때 그 일이 익숙하고 마음이 편한가? 만약 그렇다면 황색 신호가 켜졌다고 할 수 있다. 바꿔 말하면 새로운 도전을 시도해야 할 시기가 다가왔다는 뜻이다. 예전에 온갖 고난을 겪고 성공한 경영자가 젊을 때의 패기를 잊지 않기 위해 신입사원도 잘 안 하는 화장실 청소 등의 허드렛일을 했다는 얘기를 들은 적이 있다.

어떤 사장은 판매 일선에서 목청을 높여 상품을 팔기도 했다. 스타벅스의 전 CEO 하워드 슐츠는 엄청난 성공을 이룬 뒤에도 1호점의 열쇠를 늘 갖고 다녔다. 그는 가끔씩 스타벅스 1호점을 방문해 입사 당시를 떠올리며 초심을 되새겼다고 한다. 이처럼 항상 원점으로 돌아가 자신을 돌아보는 자세는 정말 중요하다.

"일이 난관에 부딪쳐 곤궁에 빠진 사람은 초심으로 돌아가 자신을 되돌아보고 살펴야 한다. 성공해서 전성기를 누리고 있는 사람은 자신이 가고 있는 길의 끝을 생각해야 한다."

홍자성**

일본항공_{JAL}에서는 520명의 사망자를 낸 엄청난 대형사고 (1985년 8월 12일 도쿄에서 오사카로 향하던 일본항공 비행기가 추락해 탑승자 524명 중 520명이 사망했다―옮긴이)의 교훈을 잊지 않기 위해 지금도 신입 사원과 신임 관리직 전원에게 의무적으로 사고 현장인 오스타카 산御巣鷹山의 위령 등반을 실시한다고 한다.

"일을 시작했을 때의 초심을 절대 잊어서는 안 되며, 경험
이 쌓인 후에도 그때마다 초심을 잊어서는 안 되며, 나이가
든 후에도 초심을 잊어서는 안 된다."

제아미***

일본의 전통 가무극 노가쿠能樂의 대가 제아미***는 어떤 수행
을 하든 항상 초심을 잊어서는 안 된다고 경고한다. 누구나 처음
일을 배울 때는 수많은 실수와 실패를 맛보게 되는데, 그런 실수
를 겪었을 때의 부끄러움을 언제까지라도 잊지 말고 정진할 것
을 당부하고 있다.

탕왕(성탕成湯, chéng tāng)
중국 고대 은나라(상나라라고도 함)를 창건했다. 출생은 미상이며 사망은 BC.1588년으로 추
정된다.
※ 이 글의 원문은 苟日新, 日日新, 又日新(구일신, 일일신, 우일신)으로 유교의 기본 경전(《사
서삼경》) 중 〈대학〉에 나오며 '일신우일신'日新又日新으로 알려져 있다.

**
홍자성洪自誠
홍자성에 대해서는 출생이나 삶 등 어떤 기록도 남아 있지 않다. 다만 '친구 홍자성이 서문
을 요청했다'는 글에서 서명한 사람이 명나라의 유학자로 만력萬曆 8년(1580)에 진사가 되었
던 우공겸于孔兼이라는 것이 밝혀져, 저자도 그 무렵 사람으로 추정할 따름이다. 《채근담》菜
根譚이라는 어록으로 유명하다.

***
제아미世阿弥(1363년경~1443년경)
일본 전통 가무극인 노能의 배우이자 극작가, 이론가로 노를 집대성해 하나의 예술로 정착
시킨 인물이다. 노는 가부키歌舞伎, 분라쿠文樂와 더불어 일본 문화를 대표하는 전통 예능으
로, 유네스코 세계무형문화유산으로 지정되었다.

돈벌이를 넘어 일을 즐기는 사람들의 생각 차이

제2장

11 꾸준함이 기회를 만든다

스텝 바이 스텝,
어떤 일도 원하는 것을 이루고자 할 때
택할 수 있는 방법은 단 한 가지,
한발 한발 착실히 나아가는 것이다.
그 외에 다른 방법은 없다.

마이클 조던

마이클 조던Michael Jeffrey Jordan(1963~)
약 120년에 이르는 미국 농구 역사에서 가장 위대한 선
수로 평가 받는다. 1984년부터 미국 NBA 선수로 활동
했으며, 2003년 은퇴했고, 현재는 NBA 샬럿 호니츠와
NBA G 리그 그린즈버러 스웜 구단주이다.

5년 후 제자리걸음만 하는 사람	어떤 일도 건드리기만 할 뿐 끝까지 해내지 못한다. 마음이 내킬 때는 열정적이고 필사적으로 매달리지만 조금 하다 그만둔다. 영어 회화나 다이어트 등 뭐든 쉽게 도전하지만 그만큼 쉽게 포기한다.
5년 후 승승장구하는 사람	어떤 일을 시작하면 차근차근 나아간다. 당장 눈에 보이는 결과를 얻기 위해 조급해하지 않고 꾸준히 한다. 어떤 일이든 꾸준함이 '성공의 비법'이라는 사실을 잘 알고 있다.

인생은 단거리 경주가 아니라 마라톤이다

인생은 길다. 10초면 끝나는 백미터 달리기가 아니라 더 오랜 시간을 묵묵히 달려야 하는 마라톤 경주다. 이렇게 기나긴 인생을 살아가면서 항상 좋을 수만은 없지 않겠는가. 좋을 때도 있지만 예기치 못한 난관에 부딪치기도 할 것이다.

그런데 그 사람의 인품이나 본성은 위기에 처하거나 상황이 좋지 않을 때 고스란히 드러난다. 누구나 좋을 때는 좋은 모습을 보여준다. 간혹 아주 힘들어 보이는데도 위기를 담대하게 받아들이고 잘 이겨 내는 사람들을 본다.

그런 모습을 볼 때마다 그 사람이 어떤 마음가짐으로 살아가는지 알 수 있다. 그들은 '열심히 노력하면 반드시 나아질 거야. 언젠가 사람들이 나를 필요로 할 때가 올 거야' 하는 긍정적인 마음으로 자신을 되돌아보고 위기를 기회로 삼는다. 어렵고 힘들다고 포기하지 않는 것이다.

"인생은 무거운 짐을 지고 먼 길을 가는 것과 같다. 서두르지 마라. 인생사가 뜻대로 되지 않는다는 것을 알면 불만도 없다. 마음에 욕심이 생기면 곤궁했던 시절을 떠올려라. 인내는 무사장구無事長久의 근원이요, 분노는 적이라 생각하라. 이기는 것만 알고 지는 것을 알지 못하면 자신에게 해가 미친다. 자신을 책망하되 남을 탓하지 마라. 모자라는 것이 과한 것보다 낫다."

도쿠가와 이에야스*

때로는 고난에 빠져 절망스러울 때도 있다. 그렇다고 해도 절대 초조해하지 말고 의연하게 인생을 마주해야 할 것이다. 낙담하지 않고 꾸준히 주어진 일에 최선을 다하면 반드시 그 노력은 보상 받고 또 다른 기회가 찾아오고야 만다. 중국 진시황제 때 완성된 《여씨춘추》呂氏春秋**라는 책에 '육험'六驗이라는 인물 감정법이 있는데, 그 내용은 다음과 같다.

1. 그를 기쁘게 하여 본분을 지키는지 살펴본다.

인간은 기쁘면 자신도 모르는 사이에 기고만장하고 오만해진다. 하지만 어떤 순간에도 인간에게는 지켜야 할 본분이 있다. 조금 기쁘다고 해서 본분에서 벗어나는 행동을 쉽게 하는 것은 인간으로서 실격이다.

2. 그를 즐겁게 하여 공정한지 살펴본다.

기쁨의 본능에 이성이 수반되면 이를 즐거움이라 한다. 인간은 즐거우면 편향되기 쉽다. 생각이나 판단이 한쪽으로 치우친다. 공정심을 잃었는데 일이 잘될 리 없다.

3. 그를 성나게 하여 자제심을 살펴본다.

인간은 아무리 화가 나도 방심하지 말고 정신을 바짝 차려야 한다. 또 자제하고 절도를 지킬 줄 알아야 한다. 절대 화를 내서는 안 된다.

4. 그를 두렵게 하여 자립심을 살펴본다.

인간은 두려우면 무언가에 기대고 싶어져 의존심이 커진다.
종교나 다른 누군가에게 의지하지 말고 자신의 힘으로 대처하
는 기개가 필요하다.

5. 그를 슬프게 하여 강인함을 살펴본다.
인간은 슬플 때 나약한 면모를 드러낸다. 사람의 강인함을 감
정하려면 그를 슬프게 하는 것이 가장 좋다.

6. 그를 괴롭게 하여 의지를 살펴본다.
누구나 좋을 때는 좋은 모습만 보여준다. 괴로울 때야말로 그
사람의 지조가 얼마나 견고한지 알 수 있다. 아무리 괴로워도
자신의 본래 의지를 잃지 말아야 한다.

사람은 어려움이 닥쳤을 때 비로소 본성을 드러낸다. 그래서
그 사람의 됨됨이를 알려면 잘나갈 때가 아니라 인생에서 바닥
을 칠 때를 보면 된다고 했다. 인생을 살다 보면 비바람이 몰아칠
때도 있고 태풍을 만날 수도 있다. 아무리 큰 어려움에 부닥쳐도
이 고난을 이겨 낼 수 있다는 의지를 잃어서는 안 된다. 인생에서
만나는 역풍이나 비탈길이야말로 자신이 성장할 수 있는 기회라
는 사실을 잊지 말아야 할 것이다. 이때 위기를 기회로 받아들이

는 긍정적인 마음가짐이 무엇보다 중요하다.

"긴 계단을 단번에 오르려 하면 도중에 지치고 만다. 한 계단씩 차근차근 올라가면 시간이 걸리더라도 정상까지 올라갈 수 있다."

다카하시 나오코***

* **도쿠가와 이에야스** 德川家康(1543~1616)
일본의 마지막 바쿠후인 도쿠가와 바쿠후德川幕府의 창시자로 본명은 도쿠가와 다케치요德川竹千代. 아시카가 바쿠후가 세력이 약해져 군웅할거하는 1세기에 걸친 혼란 시대를 종식시킨 도요토미 히데요시가 임진왜란을 일으켰다가 사망했을 때 힘을 비축해 1600년 세키가하라 전투로 정적들을 제압하고 일본을 통일, 정치 체제를 안정시켰다.

** **여씨춘추** 呂氏春秋
중국 진나라 때의 사론서. 26권. 진나라의 재상인 여불위呂不韋가 주도하여 편집한 백과사전이다.

*** **다카하시 나오코** 高橋尚子(1972~)
2000년 시드니 올림픽에서 2시간 23분 14초로 여자 마라톤에서 금메달을 획득했으며 2001년 베를린 마라톤에서도 2시간 19분 46초로 여자 마라톤 세계 신기록을 수립했다. 2008년 은퇴해서 스포츠 캐스터와 평론가로 활동하고 있다.

12 성공한 사람들은 모두 실패 수집가

도전해서 실패할 것을 두려워하지 말고
아무것도 하지 않는 것을 두려워하라.

혼다 소이치로

혼다 소이치로本田宗一郎(1906~1991)
수송기기 및 기계공업회사인 혼다本田技研工業를 창업했
으며 일본의 3대 경영의 신(혼다 소이치로, 마쓰시타 고노
스케, 이나모리 가즈오) 중 한 명이다.

<table>
<tr><td>5년 후
제자리걸음만
하는 사람</td><td>언제나 실패를 두려워한다. '이 사업을 시작했다가 실패하면 어떡하지?' 하는 걱정부터 하기 때문에 새로운 일에 도전하지 못한다. 도전의식이 없어 어떤 일도 시작하지 못하고 성공하지도 못한다.</td></tr>
<tr><td>5년 후
승승장구하는
사람</td><td>자리에 연연하거나 만족하지 않고 새로운 일에 도전한다. 열심히 노력했지만 실패했을 경우 자신을 되돌아보고 겸허하게 반성한다. 두 번 다시 똑같은 실수를 반복하지 않기 위해 노력한다.</td></tr>
</table>

실패를 실패로 끝내지 않는다

인생을 살다 보면 중대한 결단을 내려야 할 때가 있다. 현재 하는 일이 안정권에 접어들었고 탄탄대로를 걷고 있음에도 또 다른 도전을 요구 받기도 한다. 때로는 자신의 전문 분야가 아닌 새로운 분야로의 이직이나 창업 등을 고민할 수도 있다. 나는 그럴 때마다 이런 판단 기준으로 생각을 정리한다.

이 일을 시작해서 실패했을 때의 후회와 이 일을 하지 않았을 때의 후회를 저울질해 본다. 만약 실패하더라도 그에 따른 영향이 치명적이지 않다면 그래도 시도해 보는 것이 좋다. 도전해 봤기 때문에 후회도 할 수 있다. 그런데 여기서 중요한 것은 그런 시도가 우리 인생에서 또 다른 기회로 이어진다는 사실이다.

하지만 어떠한 시도도 하지 않았을 경우에는 평생 후회하며 남은 인생을 보낼 수도 있다. 새로운 일이 도전해 볼 만한 가치가 있고 긍정적인 도전이라면 설사 실패한다고 해도 그 과정에서 많은 점을 배운다. 배움이 있는 한 실패는 실패가 아니며 성공을 향한 준비이자 예행연습이다. 하지만 이때도 실패했을 때의 리스크를 따져 봐야 한다. 가령 회사가 도산한다거나 생명과 관련해 돌이킬 수 없는 위험이라면 절대 짊어져서는 안 된다.

우리는 항상 최악의 사태를 위한 대비책을 마련해 둬야 한다. 만약 그런 대비책으로도 리스크를 감당할 수 없다면 다시 한 번 철저하게 새로운 사업을 검토해야 한다. 이때 만용과 용기는 다르다. 두 번 다시 일어설 수 없는 도박을 감행한다면 이는 용기가 아니라 만용에 가깝다. 도전한 일을 성공시키려면 운에만 맡기지 말고 주도면밀하게 준비해야 한다.

나는 큰 위험이 예상되는 경우에는 우선 작게 시작해 보라고 제안한다. 상황을 봐가면서 일을 진행하다 보면 조금씩 위기나 장애물이 보일 것이다. 물론 이때는 성공의 가능성도 보인다. 대부분 몇 차례의 작은 고비를 극복하다 보면 사업이 성장하고 돈을 벌게 된다. 하지만 설사 실패한다 해도 작게 시작했기 때문에 손실이 적고 충분히 극복 가능하다.

처음부터 일을 크게 벌이면 규모에 따른 경제적인 비용과 노동력, 시간이 지나치게 부담되며 마주치는 장애물도 커진다. 실패했을 때의 리스크도 커서 다시는 일어설 수 없을 만큼 치명적인 타격을 입을 수도 있다. 우선은 작게 시작하고, 성공 가능성이 없다고 판단될 때는 바로 정리해서 가급적 손실을 줄여야 한다.

주식투자에서도 내리막길을 치달리는 주식을 끌어안고 언젠가 오르겠지 하면서 하염없이 기다리다가는 더 큰 손해를 볼 수도 있다. 그럴 때는 약간 손실을 입었을 때 매도해 손실을 최소한으로 줄이는 것이 현명하다. 이와 반대로 가능성이 보일 때는 투자를 키워 규모를 확대하면 된다.

"언젠가는 목표로 통할 거라며 목표만 보고 발걸음을 옮기는 것으로는 부족하다. 한 걸음 한 걸음이 목표이며, 한 걸음 그 자체가 가치 있어야 한다."

요한 볼프강 폰 괴테

이 세상의 어떤 일도 100퍼센트 성공을 보장할 수는 없다. 만약 100퍼센트 성공한다면 우리는 그것을 도전이라 말하지 않는다. 우리가 아무리 고민해도 앞으로 일어날 미래에 대해서는 절대 알 수 없다. 만약 마지막 순간이 다가온다면 각오를 단단히 하고 심호흡을 크게 한 뒤 점프할 용기가 필요하다.

어떤 회사나 조직도 직원들이 새로운 도전을 시도하고 그 도전을 통해 성장할 수 있게 도와야 한다. 그러기 위해서는 최악의 상황을 상정한 다음 스스로 할 수 있게 도와주고 옆에서 지켜봐야 한다.

"최대의 명예는 절대 쓰러지지 않는 것이 아니다. 쓰러질 때마다 다시 일어서는 것이다."

올리버 골드스미스*

인생을 평범하게 끝내고 싶은 사람은 아무도 없을 것이다. 역사에 이름을 남기지는 못해도 인생을 걸고 도전하고 싶은 일이 있다면 반드시 시도해 보기 바란다.

---

* **올리버 골드스미스** Oliver Goldsmith(1728~1774)
아일랜드 출생의 시인이자 소설가 겸 극작가다. 더블린의 대학을 졸업하고 에든버러와 라이든 대학에서 의학을 공부했다. 그 후 유럽 각국을 떠돌아다니며 새로운 인생관을 얻었다. 시골 목사 집안을 유머와 경쾌한 풍자로 묘사한 소설 《웨이크필드의 목사》, 《세계의 시민》 등이 있으며, 대표 시로는 〈나그네〉, 〈한촌행〉寒村行 등이 있다.

13 성공의 나비 효과를 활용한다

학문은 만족하려 하지 않는다.
하지만 경험은 만족하고자 한다.
이것이 경험의 위험성이다.

다니카와 데쓰조

다니카와 데쓰조谷川徹三(1895~1989)
일본 동경대학을 졸업하고 폭넓은 교양에 기초해 사상,
문학, 예술 등 다양한 분야에서 비평 활동을 했다. 세계
연방정부世界連邦政府 운동에도 참가했으며 저서로 《반
성의 감상》感傷と反省 등이 있다.

5년 후 제자리걸음만 하는 사람	과거의 성공 경험에서 헤어나지 못한 채 옛날의 영광에만 갇혀 지낸다. 근거 없는 자신감으로 오만해져서 남들에게서 배우려 하지 않는다. 언제까지나 한 번의 성공만 자랑한다.
5년 후 승승장구하는 사람	한 번의 성공 경험에 만족하지 않고 배우기를 멈추지 않는다. 더 큰 성공을 위해 겸허한 마음으로 자신과 주변을 살핀다. 끊임없이 자신을 성찰하고 혁신한다. 항상 배우기를 습관화하고 멈추지 않는다.

한 번의 성공에 만족하면
앞으로 나아가지 못한다

공부를 잘하는 사람에게 어떻게 공부를 잘할 수 있는지 물어보면 그들의 대답에서 한 가지 공통점을 찾을 수 있다. 공부는 하면 할수록 재미있으며 새로운 의문이 생겨난다는 것이다. 자신이 얼마나 무지한지 알게 된다는 말이다. 그러다 보면 더 열심히 공부해야 한다는 의무감과 함께 공부를 하고자 하는 의욕이 커진다. 만약 그렇지 않다면 그건 공부가 아니라 취미의 세계다.

"배우면 배울수록 자신이 아무것도 몰랐다는 사실을 깨닫게 된다. 깨달으면 깨달을수록 더욱더 배우고 싶어진다."

알버트 아인슈타인*

　나의 대학 시절을 떠올리면 야구와 아르바이트를 하느라 공부는 별로 하지 않았다. 지금 와서 후회가 되는 것은 학교 공부가 아니다. 가장 총명하고 반짝반짝 빛났던 그 시절에 문학이나 고전 작품을 읽고 세계를 여행하는 등 다양한 경험을 했다면 지금쯤 훨씬 더 교양 있고 성숙한 인간이 되어 있지 않았을까 하는 아쉬움이다.

　하지만 다시 학생 시절로 돌아간다 해도 야구는 했을 것이다. 게임을 하거나 술 마시고 노는 그 시간에 책을 읽을 거라고 진지하게 생각해 본다. 어른이 되어서도 책을 읽고 공부하면서 다양한 경험을 하는 것은 정말 중요하다. 타인이 아니라 자신이 몸소 겪은 경험이야말로 언제까지나 강렬한 교훈으로 남아 있다. 성공한 경험이든 실패한 경험이든 다양한 체험은 우리의 인생을 풍요롭게 채워 준다.

　하지만 그 인상이 너무 강렬한 나머지 언제까지나 과거에 끌려 다니면 오히려 자기 혁신에 방해가 된다. 우리가 실패했을 때는 그 속에서 배우고 깨닫는 교훈이 있어야 한다. 그 실패가 단순한 경험으로만 끝나서는 안 된다. 한 번 실패를 경험했다고 해서 자라 보고 놀란 가슴 솥뚜껑 보고 놀라듯이 위축되어 새롭게 도전할 엄두를 내지 못한다면, 자신의 가능성을 스스로 제한하는 것이다.

물론 성공한 경험을 통해 자신감을 갖는 것도 필요하지만 주변 환경이 끊임없이 변화하는 한 과거의 성공이 똑같이 적용되는 경우는 좀처럼 없다. 한 번 리셋하듯 성공했던 경험을 활용하면서 새로운 마음가짐으로 도전해야 발전할 수 있다. 그렇다면 과거의 성공이 쳐놓은 덫에 자신이 걸리지 않았는지는 어떻게 알 수 있을까? 은연중 자신의 성공을 주변에 자랑하지 않는지 살펴보면 된다.

사람은 누구나 무의식중에 자신에 대해 자랑하고 싶어진다. 하지만 자랑은 자기만족의 표현일 뿐, 만약 자신이 자랑을 하고 다닌다면 성장이 멈추는 신호임을 알고 경계해야 한다. 나는 지금까지 수많은 사람을 보아 왔다. '이분은 내가 정말 본받고 싶다'는 생각을 했음에도 그가 자기 자랑을 하기 시작하면 대개 거기서 성장이 멈추었다. 하지만 크게 성공했음에도 항상 겸손한 사람은 계속 발전했다.

누군가 자기 자랑을 하면 처음에는 "아, 대단하시네요." 하고 관심을 보이며 응할 것이다. 하지만 자랑이 끝없이 이어지면 듣는 사람도 지겹다. 자신이 상대의 자랑을 듣는 입장이 되어 보면 쉽게 알 수 있다. 내가 얼마나 열심히 노력해서 이 자리까지 왔는지 말하고 싶은 기분은 충분히 이해한다. 그렇지만 겸허하게 "나는 아직 멀었어요. 단지 운이 좋았을 뿐입니다. 제가 성공할 수 있었던 건 주위 사람들이 지지해 준 덕분입니다." 하고 말할 수 있어야 한다.

'이걸로 됐어' 하고 생각하는 순간 성장이 멈춘다. 남에게 자랑하는 것은 현재의 자신에 만족한다는 증거이며 향상심이 없다는 사실을 드러내는 것이다. 겸허한 마음가짐으로 성장을 멈추지 않는 것이야말로 진정한 성공일 것이다.

"자신을 과대평가하지 않는 사람은 자신이 믿는 것보다 훨씬 더 뛰어난 사람이다."

요한 볼프강 폰 괴테

---

* **알버트 아인슈타인** Albert Einstein(1879~1955)
독일에서 태어나 스위스 취리히 공대를 졸업했다. 1916년에 발표한 '상대성이론'은 그 당시 지배적이었던 뉴턴의 체계를 송두리째 흔들어 놓았으며 시간과 공간에 대한 생각에 커다란 혁명을 가져왔다. 1921년 광선 효과의 발견으로 노벨 물리학상을 받았다.

14 꿈이 없는 자에겐 미래도 없다

꿈이 없는 자는 이상이 없다.

이상이 없는 자는 신념이 없다.

신념이 없는 자는 계획이 없다.

계획이 없는 자는 실행하지 않는다.

실행하지 않는 자는 성과가 없다.

성과가 없는 자는 행복이 없다.

그러므로 행복을 추구하는 자는 꿈이 있어야 한다.

시부사와 에이치

시부사와 에이치 渋沢栄一(1840~1931)
다이이치국립은행, 도쿄증권거래소 등 평생 동안 500여 개의 기업을 일으킨 인물로 일본 현대 기업사에 가장 큰 영향을 미친 기업가로 꼽힌다. '일본 경제의 아버지', '일본 금융의 꿈', '일본 현대 문명의 창시자' 등으로 불리며 일본 자본주의 초석을 닦았다고 평가받는다.

<table>
<tr><td>5년 후
제자리걸음만
하는 사람</td><td>아무런 꿈이 없고 의욕도 없다. 주변에 자신의 처지를 하소연하거나 끊임없이 불평불만만 쏟아놓는다. 꿈이 없으니 하루하루 흘러가는 대로 살고, 애초에 새로운 일에 도전하기를 포기한다.</td></tr>
<tr><td>5년 후
승승장구하는
사람</td><td>세상과 인류를 위한 큰 꿈을 갖고 그 꿈을 이루기 위해 노력할 각오가 되어 있다. 꿈은 반드시 이루어진다고 확신하기 때문에 자신에 대한 믿음도 확고하다. 실수하고 어려움에 부닥치더라도 그것을 극복할 수 있는 용기와 끈기가 있다.</td></tr>
</table>

크기에 상관없이 모든 꿈은 위대하다

사람은 아무리 사소해도 좋으니 꿈을 가져야 한다. 꿈이 있으면 그것을 이루기 위해 노력하게 되기 때문이다. 꿈이라고 해서 거창한 게 아니라 집을 갖고 싶거나 팀장이 되고 싶다는 소박한 꿈이어도 좋다. 그런데 그 꿈을 서서히 '세상을 위한 미션'으로 진화시켜야 한다.

인간은 나이가 들고 성장함에 따라 사적인 성공보다는 공적인 성공을 목표로 삼는다. 그 이유는 공적인 성공이 만족감이 크기 때문이다. 당장 눈앞에 있는 작은 꿈을 이루면 만족감은 생기지만 오래 지속되지 않는다. 결국 금세 일상이 지루해지고 만다. 인생의 진짜 행복은 다른 사람을 위하는 이타利他에 있다.

세상과 다른 사람을 위해, 소중한 무언가를 이루기 위해 이 세상에 태어나 의미 있는 일을 하고 있다고 스스로 깨달으면 인생이 훨씬 즐거워진다. 꿈을 실현하기 위해 올해는 무엇을 할까? 오늘은 무엇을 할까? 그런데 이때 중요한 것은 구체적인 행동으로 옮기는 것이다. 그렇지만 꿈을 꾸지 않는 사람은 행동으로 옮기지 못하기 때문에 절대 꿈을 실현할 수 없다.

평생 몇 백 개의 회사를 설립하고 일본의 근대화에 공헌한 시부사와 에이치는 일본에 부자를 늘리기 위해 자신이 설립한 회사의 주식을 아낌없이 사람들에게 나눠 주었다. 미쓰비시三菱의 창립자인 이와사키 야타로*가 둘이 손을 잡으면 산업계의 부를 독점할 수 있다고 제의했지만, 시부사와는 단호하게 거절했다.

"가능한 한 많은 사람에게, 가능한 한 많은 행복을 줄 수 있도록 행동하는 것이 우리의 의무다."

시부사와 에이치

꿈이 있는 사람은 미래에 대해 이야기한다. 내가 스타벅스 사장을 그만두고 잠시 인생을 충전하고 있을 때 한 친구가 벤처기업을 설립하려는 청년을 도와 달라고 부탁했다. 그 젊은이는 대기업의 중추 부서인 경영전략실에서 근무하고 있었다. 새로운 벤처기업은 기존의 체제에 새바람을 불어넣으려는 일종의 도전이었다. 나는 그 젊은이의 생동감 있는 패기에 호감을 느낀 데다 그 사업의 사회적 의미에도 공감했기에 도와주기로 했다.

벤처기업은 거액의 투자가 필요했기에 수십 억 엔이 넘는 자금을 조달해야 했다. 우리는 투자펀드와 증권회사 등 스무 곳이 넘는 금융기관과 투자가를 찾아 다녔다. 투자가 중에는 이른바 오너 경영자도 있었다. 그들은 온갖 고생을 다하며 회사를 키웠기 때문에 인생의 쓴맛도 단맛도 다 알고 있었다. 당연히 사람을 보는 확고한 안목도 있었다.

그런데 그 젊은이는 투자가들을 만난 자리에서 자신이 대기업에서 얼마나 대단한 활약을 했는지만 강조했다. 자신의 기사가 실린 사보의 복사본을 보여주며 얼마나 촉망 받는 엘리트였는지 설명했다. 그때 나는 '이 친구는 정말 아무것도 모르는구나' 하는 생각이 들었다. 지금까지의 경험에 비추어 볼 때 과거에 활약했던 자랑보다 젊은이다운 의지와 꿈을 이야기하는 편이 훨씬 더 투자가들에게 어필할 수 있기 때문이다.

상대가 진정 알고 싶은 것은 그 사람의 인품과 정말 신뢰할 수 있는 사람인지 아닌지이다. 아무리 대기업에서 엘리트 코스를 밟았다고 한들 한발만 밖으로 나와도 그런 직함 따위는 아무 소용 없다. 화려한 과거를 들먹여 봤자 '그래서 어쩌자는 건데?' 하는 반응밖에 돌아오지 않는다. 사내에서나 통용되었던 경력을 들고 나와 아무리 강조한들 온갖 세파를 겪은 경영자들에게는 아무런 관심도, 공감도 불러일으키지 못한다.

그들은 오히려 빵집을 열었다가 망해 버렸다는 생생한 경험담에 훨씬 더 흥미를 갖고 귀를 기울인다. 한때 대기업에서 잘나갔다는 이야기쯤은 넓은 세상에서 보면 우물 안의 개구리일 뿐이다. 그보다도 앞으로의 비전을 설득력 있고 열정적으로 토로하는 편이 몇 배나 듣는 사람의 마음을 움직인다. 설령 실현 불가능하게 여겨지는 꿈일지라도 말이다.

"과거에 얽매이는 자는 미래를 잃는다."

윈스턴 처칠

---

*   **이와사키 야타로**岩崎彌太郎(1835~1885)
일본 메이지 시대의 대표적인 실업가로 오늘날 미쓰비시三菱를 창립했으며 거대한 부를 축적했다. 미쓰비시는 미쓰이, 스미토모와 더불어 일본 3대 재벌로 손꼽힌다.

15 내가 이 세상을 살아가는 이유

지상에서 당신의 사명이 끝났는지
아닌지 알기 위한 시험을 해보자.
만약 당신이 아직 살아 있다면,
당신의 사명은 아직 끝나지 않았다.

리처드 바크

리처드 바크 Richard Bach(1936~)
미국 작가이자 비행가인 그는 1957년 공군 하사로 임관하여 17년간 공군에 복무해 중위까지 승진하고 예편했다. 1970년 《갈매기의 꿈》을 발표해 세계적인 베스트셀러 작가가 되었으며 《환상》, 《페렛》 등 비행과 동물을 소재로 한 책을 집필했다.

<table>
<tr><td>5년 후
제자리걸음만
하는 사람</td><td>오늘 하루를 살아 내느라 허덕인다. 바쁜 일상에 쫓겨 아무 생각 없이 살아간다. 눈앞에 닥친 일을 처리하는 데 급급하고 주변 분위기에 휩쓸려 주체적인 인생을 살지 못한다.</td></tr>
<tr><td>5년 후
승승장구하는
사람</td><td>인생에서 이뤄야 하는 미션, 즉 사명을 항상 염두에 두며 살아간다. 그 사명은 고정된 게 아니라 자신이 발전함에 따라 진화한다. 이 세상에서 자신의 생명을 어떻게 사용할지 고민한다.</td></tr>
</table>

이 세상에 태어나 살아가는 이유를 찾는다

문득 내가 이렇게 살아 있는 게 기적 같다는 생각이 들 때가 있다. 우리 부모님이 서로 만나지 못했다면, 그 부모님의 부모님이 만나지 못했다면 어땠을까 하는 생각을 해본다. 어느 하나의 조합만 달라졌어도 나는 이 세상에 존재하지 못했을 것이다.

우주가 탄생한 순간, 지구상에 물과 공기가 탄생한 순간, 무생물에서 생물로 변화한 순간, 사람에게 정신이 깃든 순간 등 이렇게 큰 변화는 어떻게 일어나는 것일까? 그런 생각을 하면 할수록 무언가 큰 힘이 움직이고 있다고밖에 믿을 수 없다. 보이지 않는 그 커다란 힘에 의해 우리가 이 세상에 태어나 살아가고 있다.

그렇다면 왜 나는 이렇게 세상을 살아가고 있을까? 그 이유야 말로 각자 주어진 '미션'일 것이다. 미션이란 '이 세상에 태어나 살아가는 이유'다. 다른 말로는 사명使命이라고도 하는데 '생명命을 사용使한다'는 뜻으로 풀이할 수 있다. 우리는 무언가 중요한 사명을 띠고 이 세상에 태어나 살아가는 것이다. 나는 이 미션이란 게 일생 동안 짊어지고 가야 할 십자가가 아니라 '진화'시켜야 하는 무엇이라고 믿는다.

우리를 둘러싼 환경은 점점 변화하고 있으며 우리 자신도 성장해 나간다. 미션도 그에 맞춰 10년 단위로 진화시켜도 상관없을 것이다. 미션을 돌아보고 재검토함으로써 자신의 인생에 딱 들어맞는 미션을 꾸준히 찾아 나가야 한다. 젊을 때는 인생을 걸 만큼 대단한 미션을 발견하지 못할지도 모른다. 그렇다면 지금 당장은 현재 주어진 작은 미션 내지 목표를 찾아 보는 것도 좋다. 그렇게 작은 부분에서 시작해 보는데 우선 다음과 같은 이미지를 참고하면 좋을 것이다.

나는 직장 생활을 할 때는 어떤 직종이든 그 분야에서 프로 되기와 MBA 취득하기를 목표로 삼아 왔다. 그렇게 당장 내가 해야 하는 일에 전력을 다해 노력하면 서서히 다음에 해야 할 일을 발

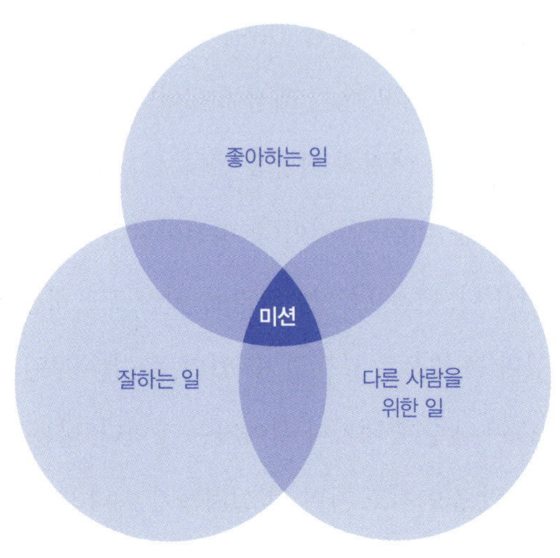

견하게 된다. 그러다 보면 언젠가는 자신의 인생을 걸 만한 미션을 찾게 될 것이다. 나는 30대가 되어 경영에서 프로가 되는 것을 미션으로 삼았다. 현재는 그보다 진화시켜 전문경영인, 즉 리더를 육성하는 일에 매진하고 있다.

"꽤 힘들었지만 그래도 근사했다고 말할 수 있는 인생을 보내고 싶다."

리처드 바크

나는 세상을 떠날 때 이런 말을 남기고 싶다. 젊은 세대는 좀처럼 공감하기 어렵겠지만 인간에게는 반드시 마지막 순간이 다가온다. 이 사실을 의식하면 충실한 하루하루를 보내는 것이 얼마나 소중한지 알게 된다. 최후의 순간을 맞아 자신이 관에 들어가고 뚜껑이 닫히는 순간을 상상해 보면 이 세상에 자신이 살아온 증거를 남기고 싶지 않겠는가.

우리가 살아온 증거야말로 한 사람 한 사람의 미션이라 할 수 있다. 이처럼 미션을 의식한 삶과 그렇지 않은 삶을 비교해 보면 인생의 만족감이 크게 다를 것이다. 그렇다면 내가 인생에서 이뤄야 하는 미션은 무엇일까? 만약 지금까지 그런 고민을 하지 않았다면 지금부터라도 진지하게 생각해 보길 바란다.

16 더 높은 곳을 향하면 보이는 것들

높은 산에 올라 본 사람만이
아직도 올라야 할 산이 정말 많다는
사실을 발견하게 된다.

넬슨 만델라

넬슨 만델라Nelson Rolihlahla Mandela(1918~2013)
남아프리카공화국에서 평등 선거로 선출된 세계 최초의
흑인 대통령이자, 흑인인권운동가이다. 대통령으로 당
선되기 전에 아프리카 민족회의ANC의 지도자로 남아공
옛 백인 정권의 인종차별에 맞서는 투쟁을 지도했으며
1993년에 노벨평화상을 수상했다.

5년 후 제자리걸음만 하는 사람	변화도 발전도 없는 일상에 만족한다. 의지가 약해 도전을 두려워한다. 먹고사는 문제만 해결되면 작은 성공에도 만족한다. 실패가 두려워 더 큰 목표에 도전하려 하지 않는다.
5년 후 승승장구하는 사람	지금보다 더 발전하고 성장하고 싶다는 의지가 강하다. 인생에서 성취해야 하는 높은 목표를 품고 현재에 만족하지 않는다. 자신의 사리사욕이 아니라 이 사회를 이롭게 하겠다는 야심을 품고 있다.

사장을 목표로 하면 더 많은 것이 보인다

나는 2013년에 《빨리 사장이 되십시오》早く、社長になりなさい라는 책을 썼다. 세상에는 다양한 모습의 사장이 존재하고, 각자 그 직함을 얻기까지의 과정 역시 다양하다. 수백 명의 직원을 거느리거나 수백억의 매출을 올리는 대기업 사장뿐만 아니라 작은 중소기업이든 이제 막 출발한 벤처기업이든 세상의 모든 사장은 하나같이 대단한 의지와 각오를 지녔다는 공통점이 있다.

나는 특히 완벽하게 시스템이 갖추어진 대기업의 사장 자리에 오르는 사람보다 직접 자신의 회사를 차리고 발전시킨 창업 사장을 존경한다. 물론 수많은 경쟁을 뚫고 사장 자리에 오르는 과정도 대단하지만 아무것도 없는 맨땅에서 사업을 일으킨다는 것은 쉬운 일이 아님을 누구보다 잘 알고 있기 때문이다.

"사람이 태어나 인생을 살아가는 것은 꿈과 목표를 이루기 위해서다."

사카모토 료마*

나는 결국 사장이 될 수 있느냐, 아니냐는 '운명'이나 '운'이 열쇠를 쥐고 있다고 생각한다. 하지만 천명에만 의존하기보다 자신이 할 수 있는 최선을 다하는 것은 정말 중요하다. 목표가 저 멀리 있어도 끝까지 뜻을 굽히지 않고 노력하느냐, 중도에 포기하느냐에 따라 인생은 크게 달라지기 때문이다.

높은 비전을 품고 산을 오르는 사람에게는 그 사람에게만 보이는 '경치'가 있다. 사장에게만 보이는 경치를 바라보는 기쁨은 사람을 움직이거나 권력을 쥔 데서 오는 만족감이 아니다. 더 많은 사람에게 헌신할 수 있다는 기쁨이자 이 세상을 위해 높은 뜻을 펼칠 수 있다는 보람일 것이다.

나도 사장이라는 자리에 올라 산의 정상에 선 듯한 성취감에

도취되었던 적이 있었던가? 사실 나는 그렇지 못했다. 사장이라는 자리에서 오는 책임의 무게에 두려움을 안고 있었다. 다행히 좋은 결과를 남겼더라도 성취감에 안주하기보다는 다음번에는 또 어느 산에 오를까 하는 또 다른 도전에 대한 의욕이 샘솟았다.

지금까지 그 산에 여러 번 오르면서 절실히 깨달은 것이 있다. 사장으로 가는 길에는 다른 사람을 성장시키는 중요한 '무언가'가 있다는 사실이다. 사장을 목표로 한다는 것은 인간의 능력을 단련시키는 그 자체라 할 수 있다. 그래서 무엇보다 중요한 것은 사장이 될 수 있을지, 아닐지가 아니라 사장을 목표로 끊임없이 노력하는 자세일 것이다.

마치 고교 야구 선수가 전국 고교 야구선수권대회를 목표로 밤낮없이 혹독한 훈련에 매진하는 것과 같다. 그 대회에 진출하느냐, 못하느냐가 문제가 아니라 얼마큼 이를 악물고 고된 훈련을 이겨내느냐가 중요하다. 그 힘든 인내의 끝자락에 인생이라는 그라운드에서의 영광이 기다리고 있다.

"분발한다는 의미의 '분'憤이라는 글자는 학문으로 나아가기 위한 도구다. 순舜 임금**은 누구이며 나는 누구인가? 둘 다 같은 인간이 아니던가?"

사토 잇사이***

높은 곳을 목표로 하려면 다른 사람보다 '분발'해야 한다. 어쩌면 자신에 대한 노여움이나 분노 같은 뜨거운 감정을 품지 않으면 그 목표를 이루지 못할 수도 있다.

언젠가 영국의 자연주의 화장품 브랜드인 더바디샵의 창업자 아니타 로딕에게 "당신은 언제나 기운이 넘치는데 그 비결이 무엇인가요?" 하고 질문한 적이 있다. 그녀는 '사회에 대한 분노Anger'라고 대답했다. 그녀처럼 강렬한 열정을 품고 더 높은 곳을 목표로 하라.

"세상에는 당신 외에는 아무도 걷지 못하는 유일한 길이 있다. 그 길이 어디에 다다를지 묻지 마라. 오로지 앞으로 나아가라."

프리드리히 니체****

당신은 인생에서 돈이나 출세를 목표로 삼아서는 절대 안 된다. 오로지 자기 자신을 믿고 한층 더 높은 곳을 목표로 끊임없이 노력해야 한다.

* **사카모토 료마**坂本龍馬(1836~1867)
일본 에도시대의 무사로, 막부가 무너지고 신정부가 들어섰던 근대 격변기에 대립 관계에
있던 사쓰마번薩摩藩과 조슈번長州藩의 동맹을 이끌고 막부와 번의 통일을 성사시킴으로써
메이지 유신을 통해 중앙집권적인 근대국가로 나아갈 수 있는 발판을 마련했다. 일본을 근
대화로 이끈 주역으로 일본 역사상 가장 위대한 인물로 꼽힌다.

** **순**舜 **임금**
고대 중국의 전설적인 제왕으로 5제五帝의 한 사람이다. 성은 우虞, 이름은 중화重華이며 효
행이 뛰어나 요堯 임금으로부터 천하를 물려받았다.

*** **사토 잇사이**佐藤一斉(1772~1859)
에도시대 후기의 유학자로 주자학과 양명학을 절충한 일본 유학의 태두이자 거물로 꼽힌
다. 그의 학문은 표면상으로는 주자학을 취했지만 양명학을 존중해 '양주음왕'이라는 비판
을 받기도 했다. 저술로 《고본대학방석보》古本大學旁釋補, 《전습록란외서》傳習錄欄外書, 《애일루
문시》愛日樓文詩, 《언지록》言志錄 등이 있다.

**** **프리드리히 니체**Friedrich Wilhelm Nietzsche(1844~1900)
독일 태생으로 서구의 오랜 전통과 형이상학 체계를 깨고 새로운 가치를 세우고자 했다. 이
로 인해 '망치를 든 철학자'라는 별명이 생겼고 현대 철학의 시작을 연 철학자로 평가된다.
그는 책 《차라투스트라는 이렇게 말했다》에서 초인 사상과 권력에의 의지, 영원회귀 사상
등을 전개했다.

17 인생의 목적과 수단을 혼동하지 않는다

잘못된 질문에 올바른 대답을 하는 것만큼
어려운 일은 없다.

피터 드러커

피터 드러커 Peter Ferdinand Drucker(1909~2005)
오스트리아 출신으로 현대 경영학을 창시한 학자라고
평가 받는다. 현대 경영의 본질과 방향을 제시하여 전
세계 수많은 기업인들의 멘토가 되어 왔다. 또한 어떻
게 인간이 사업과 정부기관과 비영리단체를 통해 조직
화되는가에 대해 탐구하고 20세기 후반의 많은 변화를
예측했으며 1959년에는 지식 노동자라는 개념을 고안
했다. 《최고의 질문》, 《자기경영노트》, 《플래너》 등의
저서가 있다.

<table>
<tr><td>5년 후
제자리걸음만
하는 사람</td><td>다른 사람이 하는 말을 새겨듣지 않는다. 자신의 생각과 고집만 앞세운다. 왜 이 일을 해야 하는지 고민하지 않는다. 그냥 해야 하니까 한다는 식의 소극적인 자세로 일하기 때문에 결국 발전이 없다.</td></tr>
<tr><td>5년 후
승승장구하는
사람</td><td>이 일이 어떤 의미가 있으며 목표가 무엇인지 깊이 인식한다. 사소한 업무도 배경과 의의를 헤아려 보는 습관이 배어 있다. 만약 배경과 의의가 불확실할 때는 꼼꼼하게 검토하고 짚고 넘어간다.</td></tr>
</table>

자신의 미션을 자각하고 뜨거운 열정을 가슴에 품어라

지금 자신이 하고 있는 이 일의 목적이 무엇인지 정확히 이해하지 못하면 '잘못된 일을 열심히 하는' 꼴이 되고 만다. 이것만큼 허망한 경우도 없다. 목적을 분명하게 이해하면 자연스럽게 그에 합당한 해결 방법이 보일 것이다. 이는 시험을 볼 때 문제를 정확하게 이해하고 있어야 그 답이 무엇인지 알 수 있는 것과 같다.

"목적을 찾아내라. 수단은 따라오기 마련이다."

마하트마 간디*

그러기 위해 당신이 먼저 해야 할 일이 있다면, 적절한 질문을 설정하는 것이다. 다시 말해 무엇을 위해 일하는지 목적이나 미션을 분명히 확인하는 것이다. 그러고 나서 강한 사명감을 스스로 인식해야 한다. 그렇지 않으면 어떤 문제에 부닥쳤을 때 쉽게 좌절하고 포기하게 된다.

특히 팀을 이루어 일할 때는 이 점을 분명히 해야 한다. 각각의 구성원이 자신들의 목적이나 미션을 그때그때 확인하지 않으면 각자 다른 방향으로 향하게 되고, 끝내 목적지까지 도달하지 못할 수도 있다. 또 환경이 크게 변했을 때는 목표 자체를 재조정하거나 진화시키는 등 상황에 맞게 조정할 수 있어야 한다.

나는 기업의 목적을 사업을 통해 사회에 공헌하는 데 있다고 생각한다. 이익을 내는 일은 기업이 영속하기 위한 수단일 뿐이다. 경영자가 그 점을 잊기 때문에 기업에서 불미스러운 사고가 빈번히 발생하는 것이다. 기업에서 미션이 중요한 것처럼 개인에게도 미션을 의식하는 일은 매우 중요하다. 자신이 이 세상에 태어나 살아가는 이유, 즉 자신의 미션을 똑똑히 자각해야만 비로소 뜨거운 열정을 가슴에 품을 수 있다.

"어떠한 목적이든 달성하기 위한 열쇠는 뜨거운 열정이다. 목적을 달성하고자 하는 강한 의지가 수단을 명확하게 해 주기 때문이다."

윌리엄 해즐릿**

유명한 심리학자인 에이브러햄 매슬로Abraham Harold Maslow가 주장한 '욕구 단계설'은 아래 그림과 같이 5단계가 있다.

나는 매슬러가 주장한 자기실현의 욕구 위에 '타인의 자기실현을 지지하는 욕구'가 있지 않을까 생각한다. 예부터 인간이 느끼는 즐거움은 매우 다양하다. 옷이나 신발로 자신을 꾸미는 데서 즐거움을 찾기도 했고 맛있는 음식을 통해 즐거움을 추구하

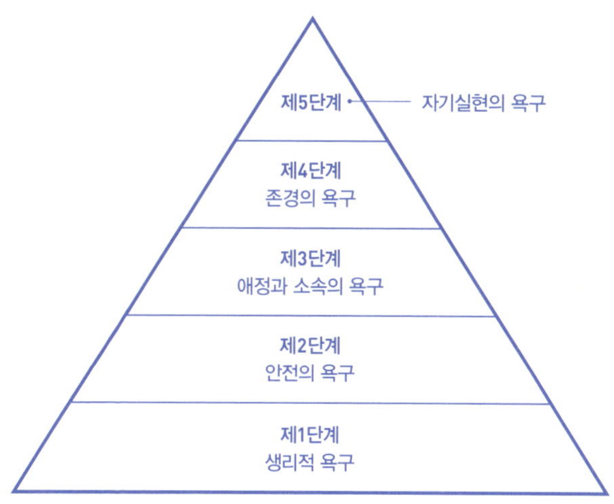

기도 했다. 하지만 그중에서도 궁극의 즐거움은 인재를 육성하는 데서 오는 기쁨일 것이다.

수많은 위대한 경영자가 아프리카와 같이 인프라가 척박한 환경에 학교를 설립하는 것도 그러한 연유에서다. 세상에 도움이 되는 인재를 육성하는 것이야말로 궁극의 자기실현이 아닐까 생각한다.

"돈을 남기고 죽는 자는 하수다. 업적을 남기고 죽는 사람은 중수다. 사람을 남기고 죽는 자는 고수다."

고토 신페이***

---

*   **마하트마 간디**Mahatma Gandhi(1869~1948)
인도의 정신적, 정치적 지도자이다. '마하트마'는 위대한 영혼을 뜻하는데 시인 타고르가 지어 준 이름이다. 영국 유학을 다녀왔으며 영국 식민지 기간(1859~1948) 중 대부분을 독립운동을 위해 살았다. 영국의 제국주의에 맞서 무저항 비폭력 운동을 이끌었다.

**   **윌리엄 해즐릿**William Hazlitt(1778~1830)
영국의 비평가이자 수필가로 목사 집안에서 태어나 성직자 교육을 받았지만 문학에 관심이 있었다. 1812년 무렵부터 《이그재미너》Examiner 등 자유주의적 잡지에 투고하였고 《셰익스피어극의 성격》, 《영국시인론》, 《영국희극작가론》 등의 평론과 주옥같은 수필로 명성을 얻었다.

*** **고토 신페이**後藤新平(1857~1929)
의사 출신으로 메이지, 다이쇼 시대에 활약한 관료이자 정치가이다. 대만총독 민정장관, 만주철도 초대 총재를 역임하고 일본의 대륙 진출을 지지, 철도원 총재로서 국내 철도를 정비했다. 관동 대지진 후에 내무대신 겸 제도부흥원帝都復興院 총재로 도쿄의 제도 부흥 계획을 입안했다.

18 노동에 노력을 더하면 인생이 달라진다

그것은 노력이 아니라 그저 노동일 뿐이다.
내가 말하는 노력은 그런 것이 아니다.
노력은 훨씬 더 주체적으로
목적을 이루는 일이다.

무라카미 하루키

<hr>

무라카미 하루키 村上春樹(1949~)
일본의 소설가로 장편소설, 단편소설, 번역물, 수필, 평론, 여행기 등 다양한 집필 활동을 하고 있다. 와세다 대학 영화연극과를 졸업했으며 포스트모더니즘 계열의 소설을 발표해 세계적으로 알려졌다. 주요 작품으로는 《바람의 노래를 들어라》, 《해변의 카프카》, 《1Q84》 등이 있다.

일을 돈 버는 수단으로 여긴다. 급여가 직업을 선택하는 유일한 조건이다. 재능이나 능력과 무관하게 직업을 선택한다. 급여를 많이 주면 곧바로 이직한다. 노동은 하기 싫은 일이고 하고 싶지 않다고 생각한다.

일을 통해 자기실현을 이루고자 하는 열의가 있다. 일을 미션이나 꿈을 실현하는 수단이라 여긴다. 직업을 선택할 때 그 일을 통해 얼마나 성장할 수 있는지 고려한다. 직장을 자신을 성장시키는 도장이라고 믿는다.

일의 사명을 강렬하게 느껴야만 자기실현을 이룰 수 있다

'노는 것처럼 일하고 일하는 것처럼 열심히 놀자.'

이것이 일에 대한 나의 이상이다. 계속해도 질리지 않는 것이 일이며, 나는 오히려 취미 생활을 할 때 질린다. 일은 진지하게 하면 할수록 즐거워지지만, 놀이는 한 달쯤 계속하면 질린다.

외국계 금융기관에 근무하면서 큰돈을 손에 쥐어 본 사람 중에는 그 일을 하면서 보람을 느끼기는커녕 허무감을 느낄 때가 많다고 한다. 그래서 하루빨리 그 일을 그만두고 다양한 사회공헌 활동에 힘쓰고 싶어 한다. 자신이 세운 회사를 비싼 시세에 팔아넘긴 벤처기업의 젊은 경영자도 그와 비슷한 허무함을 느끼지 않을까 싶다. 이처럼 머니게임으로는 경제적인 만족감을 느낄 수 있을지언정 자기실현을 이루지는 못할 것이다.

그런 의미에서 리더가 해야 하는 중요한 역할 중 하나가 각 구성원에게 일에 대한 의의를 올바르게 인식시키는 것이다. 마쓰시타 전기(현재 파나소닉)의 창업자이자 '경영의 신'으로 불리는 마쓰시타 고노스케에 관한 유명한 일화가 있다. 어느 날 마쓰시타가 제조 현장에 갔을 때 마지못해 전구를 연마하는 직원에게 이렇게 말했다. "자네는 정말 훌륭한 일을 하고 있구만." 이 말을 들은 직원이 반문했다.

"네? 저는 전구를 연마하고 있을 뿐인걸요. 이런 작업이야 누구나 할 수 있고 더 근사한 일이 얼마든지 있지 않습니까?"

그러자 마쓰시타가 이렇게 대답했다.

"자네가 만드는 그 전구가 동네 골목길을 환히 밝힐 걸세. 늦은 밤 역에서 집까지 컴컴한 길을 겁먹은 채 걸어가야 하는 여성이 있네. 그녀는 늘 불안해하며 집으로 돌아갔지만, 오늘부터는 자네가 만든 전구 덕분에 안심하고 걸어갈 수 있지. 일하는 엄마가 캄캄한 저녁이 되어서야 집으로 돌아오는데, 엄마는 너무 어두워서 아이에게 《울트라맨》 그림책을 읽어 줄 수 없지. 하지만 자네가 만든 전구가 집 안에 켜지면 아이는 늦은 밤에도 엄마가 읽어 주는 그림책을 들을 수 있지 않은가. 매일 밤 울트라맨이 찾아오는 거지. 자네는 정말로 값진 일을 하고 있잖은가.”

마쓰시타 씨의 이야기를 들은 직원은 분명 전구 만드는 일의 ‘사명’을 강렬하게 느꼈을 것이다. 리더는 조직의 구성원에게 미션을 뜨겁게 전달해야 한다. 뛰어난 미션에는 사람의 마음을 강하게 사로잡는 힘이 있다.

“배를 만들고 싶다면 사람들에게 나무를 가져 오라고 시키거나 작업과 해야 할 일을 배정할 것이 아니라, 끝없이 펼쳐진 망망대해를 사모하도록 가르쳐라.”

생텍쥐페리*

---

* **생텍쥐페리** Antoine Marie Roger De Saint Exupery(1900~1944)
《어린 왕자》로 유명한 프랑스의 작가이자 비행사이다. 그는 어른들을 위한 동화인 이 소설에서 인생에서 가장 좋은 것은 가장 단순한 것이고 진정한 재산은 남에게 주는 것이라는 사실을 부드러우면서도 진지하게 상기시켜 준다.

19 진짜 해야 할 일을 찾는다

성공의 열쇠는 목표를 놓치지 않는 것이다.
자신이 가장 큰 능력을
발휘할 수 있는 범위를 확인하고
그것에 시간과 에너지를 집중하라.

빌 게이츠

빌 게이츠 Bill Gates (1955~)
미국의 마이크로소프트 설립자이자 기업인이다. 어렸을
때부터 컴퓨터 프로그램 만드는 것을 좋아했으며 하버
드 대학을 자퇴하고 폴 앨런과 함께 마이크로소프트를
공동 창립했다. PC 운영 체계 프로그램인 '윈도즈' 시리
즈를 출시해 세계 컴퓨터 시장을 장악했으며 2008년
은퇴 후 재단을 설립해 기부 사업을 펼치고 있다.

5년 후 제자리걸음만 하는 사람	관심이 다양해서 한 가지 일에 집중하지 못한다. 충동적이고 즉흥적으로 무언가를 시작했다가 금세 그만두기 일쑤다. 어떤 일을 조금 하다 또 다른 일에 손을 댄다. 결국 어떤 일도 능숙하게 해내지 못한다.
5년 후 승승장구하는 사람	과녁을 조준해 활을 쏘듯 업무에 집중한다. 원하는 결과가 나올 때까지 한 가지 일에 끈기 있게 매달린다. 해서는 안 되는 일을 냉정하게 판단하고 과감히 단념한다. 엄격한 잣대로 정한 규율을 지킨다.

해서 안 되는 일은 단념하고 하나의 미션에만 몰두한다

인생은 길다고 했지만, 생각하기에 따라서는 눈 깜짝하면 지나갈 만큼 짧기도 하다. 게다가 단 한 번밖에 살 수 없다. 그렇기 때문에 사람들의 기억에 남을 만한 '살았던 증거'를 남기고 싶어 하는 게 아닐까. 하지만 시간을 어떻게 보내느냐에 따라 어떤 일을 이루기에 시간이 너무나 짧을 수도 있다.

많은 사람이 잡무에 얽매여 무엇 하나 제대로 이루지 못하고 세상을 뜨고 만다. 그렇게 살고 싶지 않다면 자신이 하지 말아야 하는 일을 확실히 정하고 해야 할 일, 즉 미션에만 집중해야 한다. 그 미션만 이루기에도 시간이 부족하기 때문이다.

흔히 비즈니스 세계에서는 전략은 하지 않을 일을 결정하는 것이고 마케팅은 팔지 않을 대상을 결정하는 것이라고 한다. 해야 할 것과 하지 말아야 할 것을 구분하는 일이 제일 중요하다. 하지만 대다수의 사람들이 처음 비즈니스를 하게 되면 어떤 것에 도전해야 할지 몰라 닥치는 대로 이것저것 손을 댄다. 물론 집중해야 할 일을 찾아내기까지 어느 정도 시간이 걸리는 것은 어쩔 수 없다.

내 경우에도 지금 내가 어떤 미션에 집중해야 하는지 명확히 의식하게 된 게 쉰 살이 넘어서였다. 그때부터는 한 치의 망설임도 없이 내게 주어진 일에 몰두할 수 있었다. '자신의 사명', 즉 자신의 생명을 어떤 일에 쓸 것인가? 나는 자신이 집중해야 하는 미션을 생각할 때 좋아하고 잘하며 다른 사람에게 도움이 되는 일을 염두에 둘 것을 권한다. 지금 나는 이노우에 히사시의 이 말을 벽에 걸어 두고 있다.

"어려운 일을 쉽게, 쉬운 일을 깊게."

이노우에 히사시*

리더를 육성하고자 하는 나의 미션을 달성하는 방법 중 하나가 바로 책을 쓰는 일이다. 나는 원고를 붙들고 씨름할 때면 이노우에의 이 문구를 힐끔힐끔 쳐다보곤 한다. 또한 평생 하나의 미션을 짊어지는 것이 아니라 경우에 따라서는 진화시켜도 좋다고 생각한다.

그렇지만 자신이 해야 하는 미션이 정해지면, 먼저 그 미션을 달성하기 위한 전략을 세우고 철저하게 관리해야 한다. 자신의 미션을 수첩에 적어 두거나 벽에 걸어 놓는 등 항상 의식 속에 붙들고 있어야 한다는 말이다. 그렇게 하나의 미션에만 집중해야 시간을 집약적으로 사용할 수 있다. 나는 포스트잇에 날마다 해야 할 일의 목록을 적어서 잘 보이는 곳에 붙여 둔다.

포스트잇은 관련 사항을 분류하는 데도 유용하고 갖고 다니기도 편하다. 당연하겠지만 그 일을 처리할 때마다 포스트잇을 하나하나 떼어 낸다. 포스트잇을 떼어 낼 때는 컴퓨터나 스마트폰에서는 느낄 수 없는 색다른 성취감을 맛볼 수 있다.

<hr>

* 　**이노우에 히사시**井上ひさし(1934~2010)
조치 대학上智大學 불문과 재학 시절 희곡과 방송극을 썼고 졸업 후에는 방송작가로 일했다. 1969년 아사쿠사에서 일한 경험을 살린 《일본인의 배꼽》日本人のへそ이 공연되어 새로운 스타일의 희곡 작가로 주목받았다. 소설과 극작에서 인정받으며 많은 작품을 발표했다.

20 재능에서는 져도 노력만큼은 이긴다

재능에서 지는 것은 그래도 변명이 통한다.
하지만 성실함이나 공부, 노력, 정신력에서
지는 것은 인간으로서 부끄러운 일이다.
다른 건 몰라도 성실성과 정신력에서만큼은
지고 싶지 않다.

무샤노코지 사네아쓰

무샤노코지 사네아쓰武者小路実篤(1885~1976)
일본의 소설가, 시인, 극작가, 화가이다. 동료들에게는
무샤武者라는 애칭으로 많이 불렸다고 한다. 일본 예술
원 회원이며 문화훈장을 수상한 바 있다. 평생 동안 인
도주의적 낙관론을 주장한 것으로 유명하다.

5년 후 제자리걸음만 하는 사람	진지하거나 노력하지도 않으면서 일이 잘못되면 환경이나 남의 탓으로 돌린다. 마감이 코앞에 닥쳤는데도 일을 시작조차 하지 못한다. 주변에 미안해하기는커녕 "내가 너무 바빠서 하지 못했다."고 우긴다.
5년 후 승승장구하는 사람	일에 책임감을 갖고 전력투구한다. 장기적인 관점에서는 큰 비전을 갖고 낙관적으로 행동하지만, 단기적으로는 위험 요소를 염두에 두기 때문에 비관적으로 느껴질 수 있다. 치밀한 계획을 세우고 준비하며 반드시 마감 전에 일을 끝마친다.

인생에서 '진지함'이란 '열심히 노력하는 자세'이다

이 시대의 아이콘이라 불리며 온갖 미디어에 화려하게 등장했다 순식간에 사라지는 사람이 의외로 많다. 기발한 유행어나 독특한 동작으로 한순간 세간의 주목을 받았지만, 기본적인 실력이 없으면 인기가 지속될 수 없다. 누군가 오랫동안 인기를 얻었다면 분명 자신다움을 잃지 않고 남모르게 꾸준히 노력한 결과일 것이다.

"묵묵히 가는 자는 건실하게 간다.

건실하게 가는 자는 멀리까지 간다."

레옹 발라스*

성공하는 사람은 묵묵히 자신의 길을 걷는 자가 멀리까지 갈 수 있다는 사실을 잘 알고 있다. 나는 마감 전날 벼락치기 공부하듯 철야하는 것보다 매일 꾸준히 30분씩 노력하는 자세가 중요하다는 사실을 절감한다. 일 잘하는 사람은 기본적으로 규칙적인 생활을 하며, 필요하다고 생각되면 더 나은 생활 습관을 익히려고 한다.

일찍 자고 일찍 일어나고 조금 모자란 듯 소식하는 식습관 등은 누구나 실천할 수 있는 습관처럼 보이지만 생각보다 어렵다. 하지만 일을 잘하는 사람은 언제라도 몸과 마음을 최고 상태로 유지하는 데 힘쓴다.

세계 최다의 안타 기록을 갖고 있는 프로야구 스즈키 이치로 선수도 매일매일 같은 일을 하며 지내고 있다. 미국 메이저 리그에서 활약하는 그는 지금까지도 최고의 컨디션을 유지하기 위해 매일 지켜야 하는 습관을 게을리하지 않는다. 성공한 사람은 꾸준히 노력하는 것을 습관으로 정착시켜 생활한다.

종종 밤늦게까지 술을 마시고 다음 날 숙취 상태로 출근한 것을 자랑 삼아 떠벌리는 사람이 있다. 이는 자기관리를 제대로 하지 못한다는 꼬리표를 달고 다니는 것과 같다. 미국이나 유럽에서는 비만이거나 흡연자라는 이유만으로도 자기관리를 하지 못하는 사람으로 인식되기도 한다.

성공한 사람들에게서 찾아볼 수 있는 공통점이 있는데, 바로 '진지함'integrity이다. 달리 표현하면 '지금 할 수 있는 일에 항상 최선을 다하려는 자세'를 말한다. 피터 드러커도 리더의 가장 중요한 자질을 진지함이라고 강조했다. 나는 이 진지함을 쉽게 설명해 '열심히 노력하는 자세'라고 말하고 싶다.

만약 리더로서 해야 할 일을 10이라고 한다면, 그 모든 것을 이루기 위해 노력하는 자세가 바로 진지함이다. 물론 노력했다고 해서 반드시 성공하는 것은 아니다. 하지만 해야 할 일이 10인데도 7이나 8에서 만족하고, 그 이상의 노력을 하지 않는다면 진지함이 없는 사람이다.

"리더에게 필요한 자질은 누가 가르쳐 주지 않아도 배울 수 있다. 하지만 배울 수 없는 자질, 후천적으로 획득할 수 없는 자질, 처음부터 몸에 익혀야 하는 자질이 한 가지 있다. 재능이 아니다. 바로 진지함이다."

피터 드러커

나는 성공하려면 진지함을 후천적으로라도 반드시 몸에 익혀야 하는 요소라고 믿고 있다. '이 정도면 됐어!' 하면서 적당히 타협하거나 안주하지 않고 자신의 한계까지 밀어붙이는 의지야말로 진지한 사람만의 전유물이다.

---

* 레옹 발라스 Marie Esprit Léon Walras (1834~1910)
프랑스 출신의 수리경제 학자로 한계효용 이론을 창시했으며, 일반균형 이론의 발달을 이끌었다. 오스트리아 출신의 경제학자 조지프 슘페터는 발라스를 모든 경제학자 중에서 가장 위대하다고 평했다.

마음을
끌어당기는
사람들의
커뮤니케이션 차이

제3장

21 입을 다물고 귀를 활짝 여는 사람들

과거 리더의 역할은
'명령하는 것'이었지만
미래의 리더에게 중요한 역할은
'질문을 던지는 것'이다.

피터 드러커

피터 드러커 Peter Ferdinand Drucker(1909~2005)
오스트리아 출신으로 현대 경영학을 창시한 학자라고
평가 받는다. 현대 경영의 본질과 방향을 제시하여 전
세계 수많은 기업인들의 멘토가 되어 왔다. 또한 어떻
게 인간이 사업과 정부기관과 비영리단체를 통해 조직
화되는가에 대해 탐구하고 20세기 후반의 많은 변화를
예측했으며 1959년에는 지식 노동자라는 개념을 고안
했다. 《최고의 질문》, 《자기경영노트》, 《플래너》 등의
저서가 있다.

5년 후 제자리걸음만 하는 사람	남의 말을 귀담아듣지 않는다. 상대의 말을 끊고 자기 자랑만 늘어놓는다. 다른 사람의 이야기를 건성으로 듣고 자기가 듣고 싶은 말만 듣는다. 상대의 말을 자신한테 유리하게 해석한다.
5년 후 승승장구하는 사람	다른 사람의 이야기를 귀담아듣는다. 상대가 자기 자랑을 할 수 있도록 이끌어 낸다. 상대의 말에 적절히 호응하면서 대화가 폭넓게 이어질 수 있게 질문한다. 성공담을 자랑하기보다 실패 경험을 재미있게 이야기한다.

자신의 이야기는 반으로, 상대의 이야기는 두 배로

예부터 '남의 이야기를 잘 들어 준다'는 말은 칭찬인 반면 '다른 사람의 말을 잘 듣지 않는다'는 말은 부정적인 평가라 할 수 있다. 남의 말에 귀 기울이지 않는 사람은 그만큼 호감도가 떨어질 수밖에 없다. 사람은 누구나 상대가 나의 말에 잘 듣고 이해해 주길 원하기 때문이다.

상대에게 호감을 주고 싶으면 자신의 이야기를 하기보다 상대의 말에 관심을 갖고 들어 주는 편이 좋다. 상대의 이야기를 재미있게 듣고 맞장구를 치기도 하고 적절한 질문을 던지는 일은 생각보다 상당한 노력과 인내가 필요하다. 누군가와 대화할 때는 자신의 말은 절반으로 줄이고 다른 사람의 이야기를 두 배로 듣는 정도가 딱 좋다.

서로 동등하게 대화를 주고받으려 해도 어느새 자신의 이야기를 많이 하기 마련이다. 그럴 경우 상대의 입장에서는 '하고 싶은 말을 절반밖에 하지 못했어. 내 말을 충분히 들어 주지 않았어' 하며 서운해할 수도 있다. 자신이 하고 싶은 말은 딱 절반 정도만 하길 바란다. 그런데 상대의 말을 열심히 듣는다는 게 상대에게 관심이 없으면 한없이 지루하고 지치기 마련이다.

바람직한 대화가 되기 위해서는 적당한 타이밍에 상대의 말에 호응하고 대화가 활기를 띨 수 있도록 질문을 던지는 게 필요하다. 그렇게 하려면 상대의 말을 귀담아듣지 않고서는 절대 불가능하다. 우리는 대화를 나눌 때 항상 논리정연하게 자신의 의견을 표현하지 않는다. 때로는 생각이 정리되지 않아 두서가 없고 무슨 말을 하는지 애매하게 느껴지는 경우도 있다. 그럴 때는 듣는 사람이 적절히 질문해 주면 말하는 사람도 애매한 부분이 정리되면서 선명해진다.

대화를 할 때 상대의 말을 끊고 자신의 의견을 제시하거나 해답을 말하지 않도록 주의해야 한다. 내가 이미 답을 알고 있더라도 끝까지 참고 들어야 한다. 설사 직장 후배나 손아랫사람이라도 상대의 이야기를 다 듣고 나서 '거 참 좋은 생각이군. 정말 잘됐어' 하고 반응해야 한다.

"사람의 입은 하나지만 귀가 두 개 있는 이유는 무엇일까? 자신이 말하는 두 배만큼 타인의 이야기를 들어야 하기 때문이다."

유대인 속담

내 경험에 비추어 볼 때 머리가 좋은 사람일수록 앞서 생각하고 남의 말을 끊고 잘 끼어든다. 하지만 상대가 말하는 동안은 입을 꾹 다물고 그 이야기를 차분히 들어야 한다. 그래야만 기분 좋게 대화할 수 있으며, 자신에게 배움의 기회로 이어진다.

"다른 사람의 말에 귀를 기울이지 않는 태도는 자신의 마음을 빈곤하게 한다."

마쓰시타 고노스케

아무리 성공하고 잘나가도 다른 사람의 말을 겸허하게 받아들이려는 자세는 정말 중요하다. 나는 젊을 때부터 강연이나 연수에 참석하면 강연자에게 반드시 최소한 한 가지 질문을 했다. 강연자가 어떤 사람이고 아무리 큰 회의장이라도 꼭 손을 들었다. 뭔가 질문을 하려면 그만큼 더 열심히 강연을 들어야 했기 때문이다.

인간관계에서 성공하고 싶은가? 이제부터라도 상대의 이야기에 관심을 갖고 귀를 쫑긋 세우고 들어 보자.

22 초등학생도 이해하는 리더의 말

난해한 말을 사용하지 않는다.
초등학생도 이해할 수 있는
쉬운 말과 표현을 사용하라.
그러면 나 역시 자신감을 가지고
상대와 마주할 수 있어 신뢰가 싹튼다.

기시다 유스케

기시다 유스케岸田祐介(1977~)
법인회사를 대상으로 도시락 택배, 케이터링 서비스를
제공하는 스타 페스티벌 대표이다. 500엔 도시락부터
미슐랭 가이드에서 별을 획득한 유명 레스토랑의 도시
락까지, 약 530개 브랜드 6,300종 이상의 도시락을 배
달하는 '고치쿠루'를 운영하고 있다.

5년 후 제자리걸음만 하는 사람	상대의 반응을 신경 쓰지 않고 하고 싶은 말만 일방적으로 전달한다. 사람들이 대화하기를 기피하고 그만큼 인간관계도 매끄럽지 않다. 대화할 때 어설피 주워들은 사자성어나 영어를 많이 써야 멋있는 줄 안다.
5년 후 승승장구하는 사람	상대의 반응을 살피면서 상대가 모를 만한 단어를 피해 친절하게 말한다. 중요한 내용을 설명할 때는 단어를 신중하게 선택하고 표현을 바꿔 가며 되풀이해서 이해시킨다. 상대를 배려하는 마음만큼이나 호감도도 상승한다.

내가 한 말이 '상대에게 어떻게 전달될까'를 의식한다

어떤 신문 광고에서 '아우프헤벤'Aufheben이라는 독일어를 본 적 있다. 그 단어가 무슨 뜻인지 몰라 사전을 찾아보니 '지양'止揚이라고 나와 있었다. 그래도 선뜻 무얼 말하는지 이해되지 않았다. 굳이 그렇게 어려운 단어를 쓸 필요가 있었을까 하는 생각이 들었다.

경영학원(비즈니스와 경영과 관련된 강연이나 세미나를 개최해 경영자를 양성하는 학원 — 옮긴이)에서 경영자를 모집하는 광고였는데, 그 단어를 아는 사람만 입학하길 바라는 건지도 모르겠다. 쉬운 말을 놔두고 굳이 어려운 말을 쓰는 사람을 종종 본다. 유식하게 보이고 싶어서 그러는 건지 모르겠지만 상대가 그 단어의 정확한 뜻을 모를 경우 당혹스러울 것이다. 때로는 그런 단어도 모르는 자신이 바보처럼 느껴질 수도 있다.

애초에 커뮤니케이션의 기본은 상대가 아는 단어나 일반적으로 통용되는 언어로 소통하는 데 있다. 아무리 근사한 말도 상대에게 의미가 전해지지 않으면 소용없을뿐더러 대화하는 목적도 이룰 수 없다. 재정에 관해 배운 적이 없는 사람에게 캐시 플로cash flow 같은 말을 사용하면 의미를 제대로 전달할 수 없다.

이와 반대로 상대가 경영학을 공부했다면 돈의 흐름이라 말하기보다 캐시 플로라고 하는 편이 개념이 잘 통할 것이다. 대화를 나눌 때는 '상대의 입장에서 어떻게 이해할까?', '이렇게 말하면 내가 말하고자 하는 바가 정확하게 전달될까?' 하는 측면에서 생각해야 한다. 한편, 다른 사람의 이야기를 들을 때도 상대를 이해하려는 진지한 자세가 중요하다. 많은 사람이 귀로는 상대의 말을 들으면서 다음에 자기가 무슨 말을 할 것인지를 생각한다. 내 말에 속이 뜨끔한 사람도 많을 것이다.

다음에 자신이 무엇을 이야기할지 생각하면서 듣는 것은 상대방에 대한 예의가 아니다. '이번에는 어떻게 대답할까' 또는 '어떻게 말하면 상대를 제어할 수 있을까' 하고 머리를 굴리는 동안은 상대의 이야기를 귀담아듣는다고 할 수 없다. 상대에게 호감을 얻을 수 있는 청취 자세에는 몇 가지 요령이 있다.

《성공하는 사람들의 7가지 습관》의 저자 스티븐 코비 박사는 상대의 말을 따라 그대로 반복하라, 자신의 말로 바꿔 놓아라, 상대의 기분을 말로 표현하라, 자신의 말로 바꾸는 동시에 상대의 기분도 말로 표현하라고 강조한다. 나는 누구와 대화를 나누든 먼저 상대를 존중하는 마음을 갖고자 한다. 그러면 자연히 말투도 달라지는 것을 느낀다. 또 상대가 어떤 입장에 있든 반드시 호칭을 붙여 부른다.

회의할 때는 메모를 하면서 상대의 이야기를 듣는다. 행여 상대의 말을 흘려듣고 있다는 불안감이나 불만을 주지 않기 위해서다. 그리고 상대가 말하는 것과 생각하는 것이 반드시 일치하지는 않는다는 사실도 염두에 둔다. 누구나 말을 능숙하게 하지 못할뿐더러 개중에는 자신의 생각을 말로 제대로 표현하지 못하는 사람도 있다.

이야기의 내용이 일관되지 않거나 말하는 데 요령이 없는 사람에게는 "이런 뜻인가요?" 하고 다른 말로 바꿔 확인하면 좋다.

다만 "이런 뜻이지요?" 하고 단정적으로 물으면 상대가 무안해할 수 있으니 이런 화법은 피하는 편이 좋다.

어디까지나 '저는 이렇게 이해했는데 맞는 건가요? 제가 당신의 생각을 제대로 이해한 게 맞나요?' 하는 뉘앙스로 말하는 것이 중요하다. 확인이라는 측면에서는 똑같지만 어떤 뉘앙스냐에 따라 상대에게 주는 인상은 확연히 달라진다. 상대가 말하는 내용을 확인할 때는 이렇게 '생각을 바꾸는' 것이 아니라 어디까지나 '말을 바꾼다'는 의식을 가져야 한다.

"단순한 것을 복잡하게 하는 것은 매우 흔한 일이다. 복잡한 것을 단순하게, 아주 단순하게 만드는 그것이야말로 창조다."

찰스 밍거스*

---

* **찰스 밍거스**Charles Mingus(1922~1979)
미국의 재즈 작곡가, 베이스 연주자, 밴드 리더, 피아노 연주자이다. 음악 산업의 상업화를 피하려는 시도로 자신의 레코드 레이블, 재즈 작곡가 워크숍, 연주자 협동조합을 만들었다. 베이스 연주자로 기교가 풍부했고 새로운 기법을 탐구했으며 독주자로 뛰어난 음악적 재능을 발휘했다.

23 고개를 끄덕이게 하는 3의 법칙

꼭 잊지 말아야 할 것은 상대와 눈을 맞추는 일이다.
여러 사람과 이야기할 때도
모든 사람에게 시선을 골고루 나눠 주면
상대는 '자신을 향해 말을 하고 있다'고 생각하며
자신이 존중받는다고 느낀다.
그때 비로소 동료 의식이 생긴다.
동료 의식이 생긴다는 것은
반론이 적어지는 일이기도 하다.

패트릭 하란

패트릭 하란 Patrick Harlan (1970~)
미국 출신으로 일본에서 예능인이자 배우, 성우로 활약하며 일본 연예계에 새로운 바람을 일으키고 있다. 웃기는 미국인 '팍군'이라는 예명으로 일본인 요시다 마코토吉田眞와 '팍군막군' 콤비로 만자이漫才(두 사람이 콤비로 하는 만담)를 연기해 스타덤에 올랐다.

<table>
<tr><td>5년 후
제자리걸음만
하는 사람</td><td>상대의 시선을 피한 채 딴 곳을 바라보거나 눈을 내리깔고 말한다. 상대의 반응에 신경 쓰지 않고 자신이 하고 싶은 말만 거침없이 해댄다. 목소리가 작아서 알아듣기 힘들다.</td></tr>
<tr><td>5년 후
승승장구하는
사람</td><td>상대의 눈을 바라고 미소를 지으면서 인사한다. 상대의 반응을 살피면서 분명한 목소리로 또박또박 말한다. 일방적으로 할 말을 쏟아내지 않으며 친근한 목소리로 진솔하게 표현한다.</td></tr>
</table>

리더에게 요구되는 말과 행동

리더는 직원들과 대화를 나누고, 회의석상에서 직원들과 안건을 논의하며, 언론 매체와 인터뷰를 하고 많은 사람 앞에서 연설을 하는 등 다양한 상황과 자리에서 말을 해야 한다. 때문에 언제 어디서나 어떻게 이야기해야 상대에게 정확하게 의사를 전달할 수 있을지 의식해야 한다.

사람들에게 자신이 하고 싶은 말을 잘 전할 수 있는 화법을 익히려면 커뮤니케이션 전문가에게 체계적으로 배우는 것이 가장 좋다. 또 다른 방법으로 다양한 강연회에 참석해 언변이 좋은 정치가나 강연자가 말하는 것을 관찰해 보면 좋다. 최근 유튜브에서 볼 수 있는 TED Technology Entertainment Design(미국 비영리단체에서 운영하는 기술, 오락, 디자인과 관련된 강연회—옮긴이)는 매우 훌륭한 교재라 할 수 있다.

하지만 가장 먼저 좋은 프레젠테이션을 반복해서 보고 듣는 것이 매우 효과적이다. 서두에서 청중의 이목을 사로잡는 말, 억양, 목소리의 강약, 시선 처리, 몸짓과 손짓, 이야기 전개 방법, 이야기를 마무리하는 법 등이 상세하게 나와 있어 구체적인 도움을 받을 수 있다.

특히 마음에 드는 강연이 있다면 그 연설자를 따라 해봐도 좋다. 또 마음을 움직이는 글귀나 내용은 메모를 해두거나 자신만의 표현을 모아 '서랍'에 넣어 두기를 추천한다. 그렇게 연습하다 보면 서서히 자신의 스타일이 만들어질 것이다.

"모든 일의 기초를 배우는 데는 타인의 흉내를 내는 것이 오히려 바람직하다. 문제는 단순한 흉내인지, 흉내를 통해 자신의 스타일을 만들어 가는 것인지에 달려 있다. 단순한 흉내 내기는 발전을 포기하는 일이다."

나폴레온 힐*

리더에게는 언제나 최고책임자다운 말과 행동이 요구된다. 리더라는 역할을 부여 받았기 때문에 그 역할을 잘해 내는 것이 무엇보다 중요하다. 리더가 되면 자연스럽게 사람들 앞에서 말할 기회가 많아진다. 때로는 아무런 준비도 없이 갑자기 대중 앞에서 말해야 하는 경우도 있다. 그럴 때는 절대 겁먹지 말고 당당하게 나서야 한다.

그렇게 몇 번 도전하다 보면 경험이 쌓이고, 때로는 실수도 하지만 그런 가운데 말하는 요령도 생기고 점점 능숙해진다. 나는 강연회나 연구 모임 등에 참가하면 반드시 질문을 한다. 이는 나 자신에게 부여한 과제이기도 하다. 그렇게 함으로써 강연자의 이야기를 진지하게 듣는 것은 물론 많은 사람들 앞에서 담대하게 말할 수 있는 담력도 키울 수 있다.

내가 강연이나 연설을 할 때 반드시 명심하는 것이 '3'이라는 숫자다. 이 3은 마법의 숫자다. 대개 주제를 세 가지로 나누거나 내용을 3부로 구성한다. 또 예를 들 때 세 가지를 선정한다. 내 생각에 둘은 적고 넷은 많다. 그 사이의 절묘한 숫자가 3인 것이다. 이는 비단 나만의 생각이 아니다.

스티브 잡스가 스탠퍼드 대학 졸업식에서 했던 유명한 연설은 꼭 보길 바란다. 그 연설 역시 세 가지 항목으로 구성되어 있다. 연설의 첫머리에 '앞으로 ○○에 관해 세 가지를 말씀드리겠습니다. 첫째는······'이라는 방식으로 시작하면 이야기하기도 쉽고 듣는 사람도 귀와 머릿속에 쏙쏙 들어온다. 다만 그런 기교 이상으로 자신의 '생각'을 성의 있게 자신의 말로 표현하는 것은 정말 중요하다. 다시 말해 마음에서 우러나는 말을 상대의 마음에 쏟아 넣어야 한다.

* 나폴레옹 힐Napoleon Hill(1883~1970)
전 세계에서 인정하는 성공 철학의 거장이다. 평생 연구와 강연, 저술 활동을 했으며 개인의 성취와 동기부여 분야에서 위대한 업적을 남겼다. 《나폴레온 힐 성공의 법칙》, 《놓치고 싶지 않은 나의 꿈, 나의 인생》, 《성공하는 사람들의 13가지 행동 철학》 등 다수의 저서가 있다.

24 말이 지닌 힘은 돈보다 강력하다

행복한 인생을 걷고 있는 사람은
어떻게 말해야 하는지 알고 있다.
말을 선택해서 사용하라.
어떤 말을 선택하느냐에 따라
인생이 밝아지기도, 어두워지기도 한다.

조셉 머피

조셉 머피 Joseph Murphy(1898~1981)
아일랜드 출신의 세계적인 정신의학자로 마음과 정신
에 대해 깊은 관심을 가지고 생애 중 많은 시간을 동양
의 종교와 철학, 중국 고서인 역경 등을 공부하는 데 할
애했다. 《잠재의식의 힘》, 《라이프 체인징 시크릿2》, 《마
음만 먹으면 당신도 부자가 된다》 등의 저서가 있다.

말투가 거칠고 함부로 말한다. 자신이 어떤 말을 하는지, 어떻게 말해야 하는지 기억하지 못한다. 자신이 하는 말을 중요하게 여기지 않으며 아무 생각 없이 무심코 내뱉은 말로 다른 사람에게 상처를 준다.

신중하고 조심스럽게 말한다. 사람의 말에 신비한 힘이 있어 한마디 말로도 사람의 마음을 감동시킬 수 있다는 것을 안다. 자신이 하는 말에 책임의식을 느끼며 함부로 말하지 않는다.

스타벅스와 디즈니랜드는
왜 언어 습관까지 신경 쓸까

예부터 일본에서는 언어에 혼魂이 깃들어 있다고 했다. 말에 영적인 힘이 있어 목소리로 낸 말이 현실에서 일어나는 사실과 현상에 영향을 미친다고 믿어 왔다. 좋은 말을 하면 좋은 일이 생기고, 불길한 말을 하면 불길한 일이 일어난다는 것이다. 그래서 일본을 '말의 신비로운 힘이 행복을 불러오는 나라'라고 했다.

《신약성서》에도 '모든 것의 시작은 말이다'라고 쓰여 있는데,

모든 것은 신의 언어에서 시작되었다는 뜻이다. 언어는 곧 신인 것이다. 우리가 일상적으로 쓰는 말씨에서도 인품이 드러나기 때문에 농담 한마디도 조심해서 건네야 한다.

나는 기업의 대표로 아침 조례나 강연회 등에서 메시지를 전달할 때도 항상 말을 조심하려고 애썼다. 예를 들어, '현장'이라는 말은 가능한 한 사용하지 않았다. 매장이나 매장에서 일하는 여러분이라고 불렀다. 한 번은 어떤 사장이 매장 녀석들이라고 하는 말을 듣고 적잖이 놀란 적이 있다. 당연히 매장 직원들은 거들먹거리는 말과 행동을 하는 그 사장을 싫어했다.

대부분의 사장이 "현장이 가장 중요하다."고 말하곤 한다. 하지만 정말로 중요하다고 생각한다면, 위에서 내려다보는 듯한 현장이라는 말보다는 매장 여러분 같은 표현을 사용해야 한다. 내가 예전에 근무했던 닛산자동차의 관리직 연수에 초빙되어 강연했을 때의 일이다.

인사 담당자가 판매점이나 공장을 말단이라 지칭하는 것을 듣고 나도 모르게 언성을 높여 주의를 주었다. 판매점이나 공장의 생산 라인이 있기 때문에 그 기업이 존재한다. 그럼에도 직원 한 사람 한 사람을 소중히 여겨야 하는 인사 담당자가 말단이라는 말을 쓴다는 자체가 도저히 납득할 수 없었다.

스타벅스에서는 사장도 어제 들어온 아르바이트생도 서로를 파트너라고 부른다. 또 본사도 어디까지나 매장을 지원해 준다는 의미에서 서포트 센터라고 지칭한다. 디즈니랜드에서 고객을 게스트guest, 일하는 사람을 캐스트cast라고 부르듯이 미션이나 브랜드를 소중하게 여기는 기업은 공통적으로 언어 습관까지 세심하게 신경 쓴다는 사실을 알 수 있다.

“신은 디테일 안에 있다.”

미스 반 데어 로헤*

말에 있어서도 ‘신은 디테일 안에’ 있다. 경영자나 리더는 물론이거니와 누구나 아주 사소한 말을 할 때도 신중해야 한다. 나는 얼마 전에 더바디샵의 직원으로부터 편지를 받았다.

‘이와타 사장님이 보내신 매니지먼트 레터의 마지막 부분에 항상 감사합니다라는 말이 쓰여 있어 무척 인상적이었습니다’라는 내용이었다. 나는 회계 감사가 끝나고 감사 보고서와 별도로 직원들에게 매니지먼트 레터를 보내곤 한다. 감사하는 과정에서 드러난 문제점이나 개선점 등을 정리한 매니지먼트 레터는 진심으로 매장 직원들에게 감사했기에 반드시 ‘감사합니다’라는 말로 편지의 끝 부분을 맺었다.

"타인은 서로 알지 못하는 사람들이다.

서로 알지 못하기 때문에 더욱더 언어가 중요하다."

요로 다케시**

어쩌면 사소할 수도 있는 인사 한마디로 매장 직원들에 대한 나의 마음이 제대로 전해졌던 것이다. 그만큼 말 한마디는 큰 힘을 지닌다.

---

* **미스 반 데어 로헤**Mies van der Rohe(1886~1969)
20세기 모더니즘 건축을 대표하는 근대 건축의 거장이다. 우아하면서도 단순한 그의 건축 양식은 1920년대 말의 국제주의 양식을 잘 보여준다. 건축사에 혁명적 공헌을 했던 초기 작품 가운데 프리드리히 가 사무용 건물과 유리 마천루Glass Skyscraper는 건설되지 않았지만 도면이 남아 있다. 필립 존슨과 함께 설계한 뉴욕 시의 시그램 빌딩과 마지막 작품인 베를린의 20세기 미술관 등이 있다.

** **요로 다케시**養老孟司(1937~)
도쿄대학 의학부를 졸업하고, 대학원에서 해부학을 전공했다. 도쿄대학 의과대학 교수를 지냈다. 마음의 문제나 사회 현상을 뇌과학과 해부학 등의 지식을 섞어 해설하여 많은 독자를 확보하고 있다. 《신체를 보는 법》으로 산토리 학예상을 수상했으며 저서로는 《바보의 벽》, 《죽음의 벽》, 《유뇌론》, 《더할 나위 없이 소중한 것》 등이 있다.

25 상사를 마케팅한다

상사를 매니지먼트하는 데는
몇 가지 중요한 핵심이 있다.
상사 리스트를 작성한다.
상사가 부하 직원에게 무엇을 원하는지 직접 물어 본다.
상사의 강점을 살린다.
업무 보고 방법을 연구한다.
예기치 않은 불의의 사태가 발생해서
상사가 당황하지 않게 한다.
상사가 바뀌면 커뮤니케이션 방법을 바꾼다.

피터 드러커

피터 드러커 Peter Ferdinand Drucker(1909~2005)
오스트리아 출신으로 현대 경영학을 창시한 학자라고
평가 받는다. 현대 경영의 본질과 방향을 제시하여 전
세계 수많은 기업인들의 멘토가 되어 왔다. 또한 어떻
게 인간이 사업과 정부기관과 비영리단체를 통해 조직
화되는가에 대해 탐구하고 20세기 후반의 많은 변화를
예측했으며 1959년에는 지식 노동자라는 개념을 고안
했다. 《최고의 질문》, 《자기경영노트》, 《플래너》 등의
저서가 있다.

5년 후 제자리걸음만 하는 사람	상사의 눈치를 살피고 상사의 마음에 들기 위해 속보이는 아첨을 한다. 자신의 판단을 유보한 채 상사가 시키는 대로만 움직인다. 그런데도 상사의 신뢰를 얻지 못한다.
5년 후 승승장구하는 사람	상사를 존중하고 예의 바르게 대하지만 두려워하지는 않는다. 상사를 잘 관찰하고 매니지먼트한다. 무조건 상사에게 잘 보이기 위해 비위를 맞추지 않는다. 상사와 함께 싸우는 전우와 같은 관계를 유지한다.

상사는 언젠가 반드시 넘어서야 할 존재다

직장 생활에서는 상사와의 관계가 가장 큰 문제라 할 수 있다. 상사와 관계가 원만하면 편안한 분위기 속에서 일하지만, 자칫 관계가 삐걱거리기라도 하면 아침에 출근하는 것조차 괴롭기 마련이다. 상사와 호흡이 잘 맞지 않으면 인사 고과에서 낮은 평가를 받고 승진하는 데도 어려움이 있을 수 있다.

이런 이유로 상사가 무엇을 원하는지 확실히 파악해 두면 좋다. 다시 말해 상사를 마케팅해야 한다. 먼저 상사를 객관적으로 보기 위해서는 유체이탈을 한 것처럼 위에서 내려다보는 듯한 시선으로 상사를 바라보면 좋다. '상사는 지금 어떤 입장일까?' 하고 생각해 보면 좋은 실마리를 얻을 수도 있다.

부하 직원이 상사를 어떻게 대하길 원하는지 알기 위해서는 상사가 자신의 상사를 대하는 태도를 유심히 관찰해 보면 도움이 된다. 만약 상사가 윗선에 잘 보이려고 아부하는 성향이라면, 자신의 부하도 아부하기를 바랄 것이다. 상사에게 거침없이 바른 말을 하는 성격이라면, 다양한 의견을 제시하는 부하를 좋아할 것이다.

내가 오랜 직장 생활을 하면서 터득한 지혜다. 물론 예외도 있지만, 큰 흐름에서는 대체로 그렇다. 상사는 자신이 부하 역할을 잘해 내고 있다고 생각할 테니 자신의 부하에게도 자신과 같은 태도를 원할 것이다. 상사가 부하를 대하는 태도와 그 상사가 자신의 상사를 대하는 태도가 다를 때는 신중하게 판단해서 행동할 필요가 있다.

자신의 상사는 깍듯이 모시는데 부하들한테는 의외로 거리낌 없이 편하게 대하는 상사가 있다. 그런데 그 상사가 편하게 대해 준다고 해서 부하가 격의 없이 행동했다가 일종의 봉변을 당하는 경우도 많다. 그 상사는 자신이 윗사람에게 하듯 부하도 똑같이 행동하기를 바란다. 이런 경우에는 부하도 공손하게 상사를 대해야 한다. 이런 부분을 절대 착각하거나 간과해서는 안 된다.

생각해 보면 상사도 우리와 같은 사람이다. 내가 모시는 상사라고 눈치만 볼 게 아니라 같은 직장인으로서 무엇을 바라는지 헤아려 보고, 경우에 따라서는 상사를 성장시킬 수 있도록 '위에서 내려다보는 시선'이 필요하다. 둘도 없는 마음의 스승이든, 반면교사 같은 상사든 언젠가는 그 벽을 넘어서야 한다. 그것이 상사라는 존재다.

상사를 빨리 출세시키는 것이 부하의 역할이라고 생각하는 자세도 필요하다. 그럴 경우 윗자리가 하나 비게 된다. 메이지유신을 성공으로 이끈 유신삼걸 중 한 명으로 일본의 근대화 정책을 적극 추진한 오쿠보 도시미치大久保 利通가 좋은 예를 보여준다.

오쿠보 도시미치는 에도막부 말기에 사쓰마 번薩摩藩에서 최고 권력자였던 시마즈 히사미쓰島津久光와 바둑을 통해 친밀한 사이가 되었고 그때부터 출세의 길이 열려 명예로운 직위까지 하사받게 된다. 그와 반대로 사쓰마 번 출신의 무사로 에도막부를 타도하고 메이지유신을 성공으로 이끈 유신삼걸 중 한 명인 오쿠보 도시미치大久保 利通는 시마즈 히사미쓰와 자주 대립했고, 끝내 유배되었다.

오쿠보는 중요한 자리에 오르자 사쓰마 번을 일본의 중심으로 이끌고 유신 후에는 번의 파벌을 초월해 근대 일본의 토대를 구축했다. 그는 세이난西南 전쟁(1877년 사이고 다카모리를 앞세워 일으킨 반정부 내란 — 옮긴이)에서 동지인 사이고 다카모리와 대적하게 되는데, 결과적으로는 메이지 정부의 중앙 집권력을 높이는 데 성공했다. 그 후 일본에서는 내전이 일어나지 않았다.

오쿠보는 출세해서 실권을 거머쥐기까지 상사에게 아첨하는 것도 서슴지 않는 정략가이기도 했다. 권력을 쥐고 나서 단호히 일본의 근대화를 추진한 대정치가가 되었다.

"목적을 달성하기 위해서는 인간 대 인간의 애매한 관계에 머뭇거려서는 안 된다. 일을 진척시키려면 그런 관계를 과감히 떨쳐 내고 앞으로 나아가라."

오쿠보 도시미치

때로는 큰일을 앞두고 작은 일을 단호히 잘라 내는 결단도 필요하다.

26 질책은 버리고 충고는 마음에 담는다

충고는 눈과 같아서
조용히 내리면 내릴수록
마음에 오래 머물고
마음속 깊이 스며든다.

카를 힐티

카를 힐티 Carl Hilty(1833~1909)
스위스 사상가이자 법률가이다. 신의 존재를 믿지 않는
다면 그의 행복론이 낯설게 느껴지겠지만, 풍부한 인생
경험과 폭넓은 독서를 통해 얻은 지식과 신념에 의해
뒷받침된 인간론, 교양론, 인생론은 읽어 볼 만한 가치
가 있다. 《행복론》, 《잠 못 이루는 밤을 위하여》 등의 저
서가 있다.

5년 후 제자리걸음만 하는 사람	조언을 해주는 사람을 불편해하고 거리감을 둔다. 듣기 좋은 말만 해주는 사람들하고만 어울린다. 비슷한 처지에 있는 동료들과 자주 어울리며 직장 상사나 회사에 대한 험담을 자주 한다.
5년 후 승승장구하는 사람	진심이 담긴 충고를 고마워하며 그 충고를 기꺼이 받아들인다. 자신의 단점을 지적하는 사람에게 적극적으로 다가간다. 존경하는 멘토가 있으며 뜻을 같이하고 서로 격려하며 발전할 수 있는 사람과 사귄다.

훌륭한 리더는 좋은 조언자를 가까이 둔다

당신은 훌륭한 리더가 되고 싶은가? 좋은 사람이 되려면 어떻게 해야 할까? 단점을 지적하고 충고해 주는 사람을 소중하게 여겨야 한다. 성공한 사람이라도 객관적인 입장에서 따끔하게 잘못을 지적하는 존재가 반드시 필요하다. 그런 충고를 진심으로 감사하게 생각해야 격려가 담긴 따뜻한 충고를 받을 수 있다.

충고를 내면에 받아들일 줄 알아야만 크게 성장할 수 있다. 누군가 내게 충고를 한다는 것은 상대가 나에 대한 애정이 있기 때문이다. 우리는 그 사실을 인지할 수 있어야 한다. 상대에게 어떠한 애정도 없다면 충고 같은 것은 하지 않는다. 섣불리 충고했다 자칫 상대가 서운해하거나 원망할 수도 있기 때문이다.

그런 위험 부담을 느끼면서까지 충고한다는 것은 진정 상대를 위하고 성장하기 바라는 마음이 있어서다. 그런 마음의 갈등을 이겨 내고 충고했는데도 듣기 싫은 티를 내면 어떻게 될까? 상대는 그 모습을 보고 '그럼 네 마음대로 해!' 하고 포기할 게 뻔하다. 머지않아 그 사람은 자신에게서 멀어져 갈 것이다.

지위가 높을수록 충고를 해주는 존재는 더욱 중요해진다. 높은 지위에 오르거나 성공하면 누구도 충고를 하지 않게 되어 벌거벗은 임금님처럼 되어 갈 것이다. '역명이군'逆命利君이라는 말이 있다. 리더의 명령을 거스르는 한이 있더라도 리더를 이롭게 하는 부하를 소중히 여겨야 한다는 뜻이다. 그런 부하를 얻을 수 있느냐, 없느냐는 리더의 포용력과 그릇의 크기에 좌우된다.

"명령에 따라서 주군을 이롭게 한다. 이를 순리라 한다.

명령에 따라서 주군을 해롭게 한다. 이를 아첨이라 한다.

명령을 거슬러 주군을 이롭게 한다. 이를 충忠이라 이른다.

명령을 거슬러 주군을 해롭게 한다. 이를 난亂이라 이른다."

유향*

상대가 아주 사소한 부분을 지적했을 때 다소 과하게 감사를 표현하는 태도도 중요하다. 그러면 상대는 다음에도 용기를 내어 귀한 조언을 해줄 것이다. 또한 부하에게는 '이 리더는 내 말을 귀담아듣는구나' 하는 신뢰감도 생긴다. 결과적으로 이야기를 잘 들어 주는 리더가 되는 것이다.

"정신적으로 강인한 사람은 저절로 위엄이 드러나기는 해도, 연령이나 입장에 관계없이 상대를 공경하는 태도를 보인다. 그것은 누구나 존중하는 마음을 갖고 있기 때문이다."

제임스 앨런**

한편으로는 조언이 제대로 전달될 수 있는 시스템을 만드는 것도 중요하다. 나는 기업의 경영자로 일할 때부터 간부 회의나 교육 연구를 하면 반드시 직원이나 수강자들에게 참가 소감과 피드백을 받아 왔다. 사장의 인사말과 신상품 설명이 어떠했는지 세세한 항목으로 나누어 참가자들에게 피드백을 받아 다음 기획에 반영했다.

그중에는 목소리가 작다, 말이 빨라서 알아듣기 힘들었다 등 솔직하고 엄격한 평가를 해준 이들도 있었다. 자신에 대한 솔직한 평가를 듣는 것은 단점을 개선할 수 있는 소중한 기회이다. 또 조언을 할 때는 카를 힐티의 말처럼 조용히 충고해야 듣는 사람이 그 깊이를 깨닫게 된다. 무턱대고 질책하기보다 자상하고 배려 있는 말씨로 해준 충고야말로 오랫동안 마음속에 남기 때문이다.

큰소리로 심하게 호통 치는 것은 충고라 할 수 없다. 대부분 자신의 감정대로 내뱉는 질책일 때가 많다. 또 그렇게 해봐야 반발심만 불러일으키는데, 질책과 충고는 분명 다르다. 충고를 하고 싶다면 상대의 성장에 도움이 되는 말을 상대의 마음에 스며들도록 차분하게 말하라. 당신이 리더라면 특히 마음에 새겨 놓길 바란다.

---

*   **유향**劉向
중국 전한前漢 시대의 학자, 정치가, 문학가이다. 한선제漢宣帝 때에 간대부諫大夫를 지냈고, 한원제漢元帝 때에는 종정宗正을 지냈다. 전국시대에 활약한 책사策士와 모사謀士들의 문장을 모아 《전국책》戰国策을 편찬했다.

**   **제임스 앨런**James Allen(1864~1912)
인생 철학의 아버지로 불리는 베스트셀러 작가이며 현대 성공 철학서의 시조로 인식되고 있다. 톨스토이의 영향을 받아 돈을 벌고 소비하는 경박한 행위가 의미 없음을 알고 《성경》의 빛나는 지혜뿐만 아니라 동양의 고전에서도 많은 깨달음을 얻었다. 《나를 바꾸면 모든 것이 변한다》, 《생각하는 대로》 등의 저서가 있다.

27 밉지만 버릴 수 없는 라이벌 관계

한 번도 적을 만든 적 없는 사람은
친구도 사귀지 못한다.

알프레드 테니슨

알프레드 테니슨Alfred Tennyson(1809~1892)
로버트 브라우닝Robert Browning(1812~1889)과 더불어
빅토리아조를 대표하는 위대한 시인이자, 영국 역사상
문학적인 업적만으로 귀족의 지위에 오른 최초의 시인
이다. 아름다운 조사와 운율을 담은 작품으로 사랑받았
으며 〈연꽃열매 먹는 사람들〉, 〈샬롯의 처녀〉 등의 시가
유명하다.

5년 후 제자리걸음만 하는 사람	특별히 의식하는 라이벌이 없다. 존경하고 동경하는 사람은 있지만 그의 모습을 본받아 따르려 하지 않고 질투만 한다. 선의의 라이벌은 없지만 막연히 시기하고 질투하는 상대는 많다.
5년 후 승승장구하는 사람	긍정적인 기운을 가진 사람과 교류한다. 본보기로 삼아 배우고자 하는 라이벌이 있으며, 그를 통해 발전적인 자극을 받는다. 아무리 라이벌처럼 느껴져도 상대의 강점을 인정하는 열린 마인드를 지녔다.

서로를 이끌어 주는 라이벌을 만난다

서로를 발전시킬 수 있는 라이벌, 함께 있으면 기운을 얻는 라이벌, 존경심이 우러나는 라이벌 등 그런 사람이 있으면 행복하다. 그 반면, 매사에 부정적이고 험담과 불평불만만 쏟아내는 사람은 멀리해야 할 것이다. 일부러 적을 만들 필요는 없지만, 긍정적인 기운을 주는 사람들과 어울려야만 인생이 풍요로울 수 있다.

내가 닛산자동차에서 근무했을 때 주위에서 라이벌이라고 지목했던 동기 M이 있었다. M은 도쿄대 출신으로 젠틀한 친구였다. 다리가 길고 체격도 좋은 데다 인물도 훤칠했다. 게다가 무척 똑똑하기까지 했다. 나와 달리 처음부터 엘리트 코스를 밟았으며 승진 1순위로 중요한 부서에 근무했다. 나는 신입사원 연수 때 그를 보자마자 한눈에 '이 친구, 대단한걸' 하고 느꼈다.

그러면서 한편으로는 '마음에 안 드는 녀석이야'라고도 생각했다. 멋있는 미남은 나와는 완전히 다른 타입이었기 때문이다. 아니나 다를까. 연수 기간에 다양한 상황에서 토론을 벌일 때마다 나와 그는 의견이 팽팽하게 대립했다. M이 내세우는 의견은 항상, 좋게 말하면 매우 논리적이었고 나쁘게 말하면 냉정할 때가 많았다. 나는 그의 그런 냉정함에 큰 위화감을 느꼈다.

그와 나는 성품과 기질이라는 태생이 달랐다. 그런 생각이 들자 '이 녀석에게만큼은 지고 싶지 않다'는 라이벌 의식이 생겨났다. 주변에서도 농담 삼아 "M은 이와타의 천적이군." 하고 말했다. 연수 이후에는 서로 다른 부서에서 일했지만 몇 년 후 둘 다 자동차 영업의 최전선에서 근무하게 되었다.

그러다 보니 자연스럽게 M의 판매 실적에 대해서도 듣게 되었다. 그는 매일 밤 여대생들과 어울리며 미팅을 주선하고, 그런 인맥으로 자동차를 판매한다고 했다. 한 집 한 집 땀 흘려 가며 방문 영업을 했던 나와는 발상 자체가 달랐던 것이다.

그는 나와는 다른 방법을 택했지만 영업에서만큼은 깔끔한 일

처리로 우수한 실적을 내고 있었다. M도 나와 같이 사장상을 받았다. 내 입장에서 볼 때 그는 정말이지 마음에 들지 않는 도쿄대 출신의 경박한 남자였다. 그런데 내가 M에게 닛산자동차를 그만둔다고 말하자 진지한 얼굴로 만류했다.

"이와타, 왜 회사를 그만두려는 거야!"

그는 얼굴이 상기되어 화내는 듯한 어조로 말했다. 다른 동기들은 "다른 데 가서도 힘 내!", "왠지 쓸쓸한걸!" 하는 흘러가는 말들을 건넸지만, M만은 단호한 목소리로 감정을 드러냈다. M의 뜻밖의 모습에 이런 생각이 들었다. '아, 그가 나를 인정하고 있었구나!' 그 후 M과 연락을 주고받은 적은 없지만 그도 자신만의 방식으로 출세의 계단을 올라가고 있을 것이다.

"서로 경쟁함으로써 자신도 상대도 성장시키는 상대,
그것이 라이벌이다!"

로코코 울파*

---

*   **로코코 울파**
닌텐도 DS용 축구 게임을 원작으로 한 일본 텔레비전 애니메이션 작품 〈이나즈마 일레븐〉의 등장인물 중 한 명이다.

28 고독은 사람을 단련시킨다

최상의 생각은 고독 안에서 이루어지고
최악의 생각은 혼란 속에서 나온다.

토머스 에디슨

토머스 에디슨 Thomas Alva Edison(1847~1931)
축음기, 백열전구, 무성영화 등 수많은 발명으로 미국
특허를 1,093개 보유한 천재 발명가이다. 어린 시절 지
진아로 불릴 만큼 학교 공부와는 거리가 멀었고, 전신기
사로 사회생활을 시작했지만 뒤늦게 자신만의 연구에
몰두해 백열전구를 발전시키고 생산법을 발명했다.

5년 후 제자리걸음만 하는 사람	사람들과 어울려 다니기를 좋아한다. 어울릴 때만 즐거운 관계는 헤어지고 나면 공허해질 뿐이다. 그렇게 시간을 허비한다. 혼자 있으면 소외된 듯한 기분을 느끼고 혼자만의 시간을 못 견뎌한다.
5년 후 승승장구하는 사람	사람과 잘 어울리지만 그만큼 혼자만의 시간이 필요하다고 생각한다. 혼자만의 시간을 만들어 차분히 자성하는 기회를 갖는다. 자신과 성향이 맞지 않는 사람도 기꺼이 인정하고 받아들인다.

자신과 성향이 맞지 않아도
유능한 인재라면 놓치지 마라

인간은 사회적 동물이다. 다시 말해 인간은 유대관계라든지 연결을 추구하는 습성이 있으며 고독을 싫어한다. 무언가와 연결되어 있지 않으면 불안해하고 못 견뎌한다. 하지만 그렇다고 고독을 두려워해서는 안 된다. 무리에서 떨어져 혼자 조용히 생각하는 자신만의 시간이 있어야 진정 인생을 진지하게 바라볼 수 있기 때문이다.

나는 과연 누구이며, 어디에서 왔는가? 앞으로 어디로 가야 할까? 아무 의미 없이 느껴지는 이런 질문도 한 번쯤 고민해 봐야 한다. 어차피 사람과 연결되어 있다면 자신을 향상시키고 좋은 자극을 주는 사람을 찾아 적극적으로 교류해야 한다. 그러려면 다른 사람의 험담이나 불평불만만 늘어놓는 사람과는 가급적 거리를 두고 가까이하지 않는 편이 좋다.

“불평이나 험담은 불행을 부르는 주문이다.
결코 입 밖에 내서는 안 된다.”

조셉 머피

‘경영자는 고독하다’고 말한다. 그 때문일까. 경영자는 아무래도 자신에게 호의적인 사람을 곁에 두고 싶어 한다. 절대 권력의 기업에서 자주 있는 모습인데, 사장 주변에 눈치를 보는 사람밖에 없는 경우가 많다. 그러다가 사장이 교체된다는 인사 결정이 나면, 그들의 태도가 싹 바뀐다. 앞 다투어 전 사장의 험담을 입에 올리기 시작하고 또다시 새로 부임한 사장 주변으로 모여든다. 경영 일선에서도 이런 일이 비일비재하다.

나도 경영자로 일할 때 내가 발탁한 사람이 나를 음해하고 획책했다는 사실을 나중에 알고 충격을 받은 적이 있다. 인간이란 정말 알 수 없는 존재다. 이는 극단적인 사례지만, 사람은 자신을 추켜세우고 편하게 대해 주는 사람과 어울리고 싶어 한다. 그런데 사생활에서야 어떻게 행동해도 상관없지만 회사나 조직에서는 스스로 경계해야 한다.

회사나 조직을 위한다면 직원을 뽑을 때 얼마나 뛰어난 능력을 지니고 있는지가 선택의 기준이 되어야 한다. 그런 인선만이 조직을 발전시킬 수 있다. 또 조직이 추구하는 목표에 합당한 인재를 신중하게 선별해야 한다. 그렇지만 자신과 마음이 잘 맞지 않는 사람을 곁에 두고 싶은 사람은 없을 것이다. 그래도 대의를 위해서라면 자신과 맞고 안 맞고가 아니라 조직에 반드시 필요한 유능한 인재를 포용해야 한다.

당신이 유능한 리더라면 그 점을 확실하게 구분해서 인재를 발탁할 것이다. 지금까지의 경험으로 봤을 때 서로 격의 없이 친밀하게 지내는 조직은 결코 강한 조직으로 발전하기 힘들다. 때문에 이럴 때야말로 리더의 역량을 시험해 볼 수 있다. 당신이 리더라면 개인적인 감정이 아니라 기업의 목표와 부합하는 적합한 인재를 기용할 수 있겠는가?

'그는 자주 나와 다른 의견을 내지만 그 말이 합당할 때가 많아!' 하는 사람도 받아들일 수 있는지는 경영자의 도량 문제다. 달리 말하면 경영자가 얼마나 편견 없이 유능한 인재를 등용할 수 있느냐 하는 문제이다. 상대가 마음에 들지 않아도 상황에 따라서는 삼고초려三顧草廬하는 마음 자세로 필요한 인재를 영입해야 할 것이다.

또 한 가지, 나와 성향이 맞는 않는 직원과 반드시 개인적으로 친하게 지내야 할 필요는 없다. 업무에서만 확실히 협력 체제를 이루면 된다. 직장 생활을 하다 보면 성향이 맞는 사람들끼리만 어울려 파벌을 만들기도 하는데, 리더는 주변 사람들과 일정 정도의 거리를 두고 너무 친밀해지지 않는 게 좋다.

리더는 어느 한 개인에게 충실한 게 아니라 일이나 조직에 충실한 사람을 모으는 데 주력해야 한다. 그런 의미에서 리더는 혼자 외딴섬처럼 고립되어서도 안 되지만, 고독을 즐길 줄도 알아야 한다.

"다수를 추종하면 반드시 자신을 잃고 만다. 고독을 두려워하지 말고 자신이 하고 싶은 일을 계속하는 수밖에 없다."

안도 다다오*

---

* **안도 다다오**安藤忠雄(1941~)
일본의 세계적인 건축가이다. 그는 건축가가 되기 전에 트럭 운전사와 권투 선수로 일했고, 건축에 대한 전문 교육을 받지 못했다. 1969년 회사를 설립했으며 1995년 프리츠커 건축상을 수상한 상금 10만 달러를 고베 지진 고아들에게 기부했다. 그의 건축은 물과 빛, 바람, 나무, 하늘 등 자연과 긴밀하게 결합되어 조화를 이룬다.

29 누구에게나 허리를 굽혀 인사하라

운명의 여신은 웃는 사람과
겸허한 사람에게 다가온다.

오 사다하루

오 사다하루王 貞治(1940~)
일본에서 태어난 중화민국 국적의 전 프로야구 선수이
자 감독, 야구 해설가이다. 요미우리 자이언츠를 대표
하는 타자로서 활약했고 은퇴해서는 제1회 월드 베이
스볼 클래식 일본 국가대표팀 감독을 맡았다. 일본 정
부가 수여하는 국민영예상을 수상했으며, 문화공로자
로 선정됐다. 우리나라에서는 한자를 그대로 읽은 '왕
정치'로 알려져 있다.

상사의 비위를 맞추고 비굴하게 자신을 낮추지만 부하나 거래처 사람들에게는 권위적이고 거만하게 대한다. 상대에 따라 대하는 태도가 달라진다. 사람을 대할 때 겉과 속이 다르다.

누구를 대하든 공손함이 몸에 배어 있다. 아무리 자신이 성공했어도 겸허한 자세를 잃지 않는다. 상대가 누구라도 자신이 해야 할 말은 소신껏 의견을 말한다. 항상 웃는 얼굴로 주변을 편안하게 만든다.

지나친 허세도, 과도한 자기 비하도 멀리하라

나는 상대에 따라 태도가 달라지는 마치 카멜레온 같은 사람을 싫어한다. 상사한테는 입의 혀처럼 온갖 비위를 맞추고, 아랫사람한테는 권위적이고 잘난 척하는 사람은 결코 호의적일 수도, 좋아할 수도 없다. 그래서 아랫사람한테도 상사나 윗사람한테 하듯 정중한 태도로 대한다. 윗사람과 아랫사람의 평가가 너무나 다른 사람은 왠지 믿음이 가지 않는다. 사람을 평가할 때는 다양한 사람들의 의견을 들어보는 것이 필요하다.

"사람에 따라 인사하는 각도를 달리해서는 안 된다."

야마자키 도요코*

내가 중요하게 여기는 것 중 하나는 '언제나 자연스러운 모습으로 있는 것'이다. 자신을 비하하지도 않지만, 그렇다고 과장되게 포장하지도 않는 모습이다. 한결같은 마음으로 어깨에 힘을 넣지 않고 누구에게나 똑같이 대한다. 이때도 나는 편하고 자연스럽지만, 만약 상대가 불쾌감을 느낀다면 나의 태도를 개선해야 할 것이다.

그러기 위해서는 겸허한 마음으로 자신을 돌아볼 수 있어야 한다. 이와 반대로 자존감이 낮은 사람일수록 허세를 부린다. 예전에 거래처 여자 사장과 우연히 주차장에서 만난 적이 있다. 그녀는 나를 보더니 다짜고짜 이렇게 말하는 것이었다.

"저희 집에 큰 자동차가 한 대 더 있어요."

심지어 고급 차의 브랜드까지 덧붙이며 말했다. 주차장에 세워진 그녀의 자동차는 소형차였는데, 그 말에 조금 웃음이 났다. 나는 그녀가 무슨 차를 타든 전혀 신경 쓰지 않는다. 느닷없이 그런 말을 하는 게 의아할 뿐이다. 그러고 보니 그녀는 언제나 고급 브랜드의 정장을 입고 다녔는데, 나는 사람들이 어떤 자동차를 타든 어떤 옷을 입든 그 사람의 가치와는 아무 관계가 없다고 생각한다.

오히려 그런 물질적인 것에 의존하는 모습은 자신감이 없음을 간접적으로 드러낼 뿐이다. 스스로 당당하고 자신감 있는 사람은 누구에게나 경의를 표하고 겸허하게 대한다. 또 상대에 따라 태도를 바꾸지 않고 있는 그대로의 모습으로 사람들을 대한다. 나는 나뿐만 아니라 모든 사람이 그래야 한다고 믿는다.

"겸허한 마음은 주위 사람들의 지지를 얻는 데 중요한 역할을 한다. 덜 성숙한 사람일수록 겸허함을 과소평가한다. 존경받는 사람은 언제나 겸허함을 명심하고 있다."

스티브 시볼드**

그런데 한 가지 당부하고 싶은 말이 있다. 남들 앞에서 허세를 부릴 필요는 없지만, 그렇다고 자신을 지나치게 낮추다 못해 비하해서도 안 된다. 언젠가 국회의원인 친구가 주최하는 조찬회에 참석한 적이 있다. 그날 강연자로 초빙된 당 대표가 이렇게 연설을 시작했다.

"저는 사람들 앞에서 말을 잘 못합니다."

그 정치가는 도쿄대 법학부를 나와 관료가 되었고, 한 정당의 대표까지 오른 인물이다. 자신을 겸손하게 표현하려는 의도였는지는 모르겠지만, 그의 말에 놀라기도 했고 다소 실망했다. 모처럼 일찍 일어나 잔뜩 기대하고 강연장에 왔는데, 그런 말을 들으니 맥이 탁 풀렸다. 정치가라 하면 자신의 소신을 사람들에게 제대로 전달해야 하는 게 아닌가.

강연이나 회의를 시작할 때 '연설에 익숙하지 않아서' 혹은 '언변이 없어서'라며 변명하듯 서두를 꺼내는 사람은 종종 본다. 나는 오히려 그런 변명 같은 말은 하지 않는 편이 좋을 것 같다. 미리 그런 양해를 구하면 내용이 시원치 않아도 용서가 된다고 생각할지 모르지만, 그 연설을 듣는 상대에게는 실례가 아닌가. 거들먹거리며 허세를 부리는 것도 마땅치 않지만 자신을 지나치게 낮추는 태도도 보기에는 영 마뜩찮다.

---

* **야마자키 도요코** 山崎豊子(1924~2013)
한국에서는 《하얀 거탑》으로 알려진 일본 작가이다. 오사카 출신으로 교토 여자전문학교 졸업 후 마이니치 신문사 학예부에 입사했다. 《상막》으로 문단에 데뷔한 후 《지참금》, 《꽃상막》 등을 발표하며 일본 문학상인 나오키 상을 수상했다.

** **스티브 시볼드** Steve Siebold
미국의 경영, 영업 컨설턴트이자 강연 전문가이다. 지난 30년 동안 1,200여 명에 달하는 슈퍼리치들을 만나 인터뷰한 책 《푼돈에 매달리는 남자, 큰돈을 굴리는 남자》How Rich People Think에서 부자가 되는 비법에 대해 이야기한다.

30 세상에 나보다 낮은 사람은 없다

인사치레로 말하기는 쉽지만
진심으로 칭찬하기는 어렵다.

헨리 데이비드 소로

헨리 데이비드 소로Henry David Thoreau(1817~1862)
미국 철학자, 시인, 수필가이다. 하버드 대학을 졸업하
고 가업인 연필 제조업, 교사, 측량 업무 등에 종사했다.
철학자이자 사회운동가로도 활동했으며 1845년 7월부
터 1847년 9월까지 월든 호숫가에서 살았던 대안적인
삶을 기록한 책 《월든》은 현대 사회운동의 여러 분야에
큰 영감을 주었다.

5년 후 제자리걸음만 하는 사람	속이 빤히 들여다보이는 겉치레 인사를 잘한다. 상대 앞에서는 칭찬하지만 뒤돌아서면 이내 상대를 우습게 보고 험담한다. 상대의 사회적 지위나 부에 따라 대하는 태도가 달라진다.
5년 후 승승장구하는 사람	대인관계의 기본인 상대를 인정하고 존중한다. 한결같은 마음으로 사람들을 동등하게 대한다. 상대에게 경의를 갖고 있기에 칭찬한다. 부하일지라도 좋은 점은 보고 배우려 한다. 다른 사람의 험담을 하지 않는다.

상대를 인정하고 존중하는 것은 인간으로서의 기본이다

나는 상대에 따라 대하는 태도가 달라지지 않고 누구에게나 한결같은 모습으로 대하는 사람을 좋아한다. 나 역시 그렇게 하려고 노력한다. 내가 그런 생각을 하게 된 것은 닛산자동차에서 처음으로 이직했을 때다. 닛산 같은 대기업에는 입사 연차라는 알기 쉬운 상하 관계가 있다. 윗사람에게는 당연히 경어를 사용하고, 동기나 후배에게는 스스럼없는 편한 말투를 썼다.

그런데 이직한 회사에는 나와 같은 나이의 동기가 없고 나이는 어리지만 경력으로는 선배인 사람이 있었다. 그 당시 그를 어떻게 대해야 할지 난감해했던 것 같다. 나는 그 회사에서는 신입인데다 일을 배워야 하는 입장이었기에 나보다 나이가 어리거나 직급이 낮아도 정중하게 대하기로 마음먹었다.

상대에 따라 태도가 달라지는 것을 좋아하지 않았기에 누구에게나 정중하게 대하기로 정했다. 그래서 기본적으로 누구에게나 경어를 썼고 직책을 붙여 불렀으며, 아무리 젊은 사람이라도 이름 뒤에 '씨'를 붙였다. 아마 요즘은 이직하는 경우가 많아서 새로운 회사로 옮겼을 때 동료나 선후배와 어떤 관계를 맺어야 할지 난감한 경우가 꽤 있을 것이다.

연공서열이 아니라 성과 위주의 시스템에서는 부하 직원이 어느 날 갑자기 상사가 되기도 하고, 그 반대의 경우도 종종 있다. 이럴 때 어떤 호칭을 사용해야 하며 어떻게 관계를 정리해야 할지 난감할 수 있다. 또 갑자기 관계가 뒤바뀌었다고 해서 말투까지 달리지면 서로 어색할뿐더러 관계가 서먹해질 수도 있다. 그럴 때는 직책과 존칭을 잘 가려 쓰면 될 것이다.

대인관계의 기본은 상대를 인정하고 경의를 갖는 것이다. 손아래든 부하 직원이든 매한가지다. 직장이나 일을 떠나면 각자의 인생을 살고 있는 어엿한 성인이다. 그 성인에게 경의를 표현하는 것은 당연하다. 회사에서의 직책이나 사회적 지위, 부자라거나 명성이 있다거나 하는 것은 그 사람의 본질과는 전혀 관계없는 '장식'과 같다.

누구한테라도 존경하는 마음을 갖고 대하라. 이것이 인간관계 아니 한 인간으로서 갖춰야 하는 기본적인 덕목이다.

"사람은 누구나 타인보다 자신이 어떤 면에서는 뛰어나다고 생각한다는 사실을 잊지 마라. 상대의 마음을 확실히 사로잡는 방법은 상대가 중요한 인물이라고 넌지시 그리고 진심으로 인정해 주는 것이다."

데일 카네기

쓸수록 늘어나는 돈과 시간의 활용 차이

제4장

31 자신에 대한 경제적 투자에 관대하라

돈은
행복해지기 위한 수단일 뿐,
목적이 아니다.

조셉 머피

조셉 머피 Joseph Murphy(1898~1981)
아일랜드 출신의 세계적인 정신의학자로 마음과 정신에 대해 깊은 관심을 가지고 생애 중 많은 시간을 동양의 종교와 철학, 중국 고서인 역경 등을 공부하는 데 할애했다. 《잠재의식의 힘》, 《라이프 체인징 시크릿2》, 《마음만 먹으면 당신도 부자가 된다》 등의 저서가 있다.

| **5년 후
제자리걸음만
하는 사람** | 돈을 모으는 것 자체가 목적이다. 꼭 필요한 곳에 돈을 쓸 때도 인색하다. 주변 사람들에게 경제적으로 베풀어야 한다는 생각 자체를 안 한다. 싼 것만 찾다가 오히려 손해를 보고 충동구매도 자주 한다. |
| **5년 후
승승장구하는
사람** | 인생의 큰 그림을 그리고 뚜렷한 목적을 세워 저축한다. 돈은 행복해지기 위한 하나의 수단일 뿐이라고 생각한다. 필요하다고 판단되면 자신에 대한 투자는 물론, 다른 사람을 위해서도 과감하게 큰돈을 지출한다. |

돈으로부터 자유로워질 수 있는 기준

돈은 버는 것보다 쓰는 게 중요하다. 돈을 사용하는 최우선 순위는 자신에 대한 투자다. 이것이 가장 효율적인 투자임은 두말할 필요가 없다. 더욱이 젊었을 때의 투자는 이자를 복리로 계산한 것처럼 커다란 성과로 돌아온다. 자신한테 투자를 한다고 해서 뻔질나게 고급 음식점을 드나들거나 고가의 사치품을 사는 데 돈을 탕진해서는 안 된다.

가급적 술값이나 옷값은 절약하더라도 책을 사거나 강연회에 참석하고, 공연 등의 문화생활을 즐기는 것은 필요하다. 또 피트니스 센터에서 심신을 단련하는 등 몸과 정신을 살찌우는 투자에는 과감해야 한다. 이처럼 자신에 대한 투자에는 관대해도 좋지만, 나머지 부분에서는 검소하게 생활하는 게 좋다.

그래야만 수입의 일정 금액을 저축할 수 있으며 최대한 빨리 연수입 정도의 금액을 모으는 목표를 세우는 편이 좋다. 나는 하루라도 빨리 어느 정도의 돈을 모아야 돈으로부터 자유롭게 생활할 수 있다고 생각한다. 돈에서 자유로워지면 마음이 편해진다. 돈이 있으면 정말 하기 싫은 일을 거절할 수 있다. 돈을 벌기 위해 영혼을 팔지 않아도 된다는 말이다.

무엇보다 가장 귀중한 자원인 시간을 절약하기 위해 회사 가까이 살 수도 있다. 그렇다면 왜 연수입만큼의 저축이 필요할까? 만약 지금 하는 일을 그만둬도 1년 동안은 먹고살 수 있기 때문이다. 1년이라는 시간이 주어지면 다음 단계로 나아가기 위한 준비를 착실히 할 수 있다.

"어느 정도까지는 소유가 인간을 한층 더 독립적이고 자유롭게 하지만, 한 단계만 나아가도 소유가 주인이 되고 소유자는 노예가 된다."

프리드리히 니체

자동차 영업을 하던 시절, 수많은 가정을 방문하면서 알게 된 사실이다. 돈의 많고 적음은 행복과 그다지 상관관계가 있어 보이지 않았다. 아무리 큰 집에 살아도 가족끼리 서로 싸우고 갈등하는 집이 있는가 하면, 방 두 개짜리의 비좁은 공간에서 네 식구가 오순도순 행복하게 사는 집도 있었다.

돈이 있으면 더할 나위 없이 좋겠지만 돈이 있다고 해서 반드시 행복한 것은 아니다. 어느 정도만 있다면, 그다음은 가족이나 친구들과 함께하는 시간이 가장 큰 행복일 것이다. 돈이라는 존재는 요물 같아서 희한하게 쫓아가면 도망가기 일쑤고, 착실하게 노력하면 결국에는 따라온다. 그런데 돈에 집착하는 것을 부끄러워하는 모습도 그다지 바람직하지는 않다고 생각한다.

당장 생계뿐만 아니라 가족의 건강과 교육을 책임지고 각종 재해 등의 위험에 대비하기 위해서도 돈은 필요하다. 나의 경험으로는 대출금을 끼고 집을 구입해서 부지런히 일해 대출금을 갚아 나가는 모습도 매우 좋아보인다. 좋은 의미에서 부담과 자극이 되어 더 높은 곳을 목표로 노력할 수 있다.

다만 직장을 옮길 때 급여가 늘어나면 그만큼 대출금을 더 많이 갚을 거라 생각했다. 또 늘어난 금액만큼 모두 저축할 수 있을 거라 기대했지만 실제로는 그다지 큰 변화가 없었다. 급여가 늘어나는 만큼 세율도 높아진다. 따라서 기대한 만큼 실수령액이 크게 늘어나지 않았다. 더구나 여러 가지 부양 공제나 주택대출 공제 등의 혜택은 오히려 줄어들어 기대만큼 큰 변화가 없었다.

"20대 때보다 열 배나 더 부유해졌다는 60대를 찾기는 쉽다. 하지만 그들 중 아무도 열 배 더 행복해졌다고 말하지는 않는다."

조지 버나드 쇼*

돈은 결코 목적이 아니라 수단이라는 사실을 잊지 말자.

---

* **조지 버나드 쇼**George Bernard Shaw(1856~1950)
극작가이자 저널리스트이다. 아일랜드 출신으로 19세기 후반에서 20세기 초반에 이르는 반세기 동안 영국 드라마에서 가장 위대한 존재였다. 그는 유미주의를 거부하며 신랄한 비판과 풍자로 사회의식 개혁을 위한 집필 활동을 했다. 1935년 《인간과 초인》으로 노벨 문학상을 수상, 셰익스피어 이후 가장 위대한 극작가로 인정받고 있다.

32 아무리 써도 절대 아깝지 않은 돈

돈을 벌고자 한다면
돈을 써야 한다.

티투스 마키우스 플라우투스

티투스 마키우스 플라우투스 Titus Maccius Plautus
(BC 254~184)
고대 로마의 극작가이다. 움브리아에서 태어나 로마로
건너와 그리스 신희극을 번안하고 상연했는데 원작을
대담하고 자유스럽게 변형하고 개작했다. 각 장면마다
극적인 효과를 노려 대담한 기지와 해학을 곁들였으며
자유자재로 패러디하는 등 서민의 일상어를 자유로이
구사했다. 21편의 작품이 현존한다.

<table>
<tr><td>5년 후
제자리걸음만
하는 사람</td><td>돈에 집착하고 주변 사람에게 베풀 줄 모른다. 항상 계산적이라 부하나 손아랫사람과 식사해도 각자 계산한다. 내 돈은 아끼지만 남의 돈은 쉽게 생각한다. 값비싼 물건을 좋아하고 허세로 돈을 쓴다.</td></tr>
<tr><td>5년 후
승승장구하는
사람</td><td>평소에는 근검절약하지만 필요할 때 지출할 줄 안다. 몸과 영혼을 살찌우는 문화생활과 신체 단련, 교육에 충분히 투자한다. 평생 사용할 수 있는 좋은 물건을 사는 안목을 지녔으며 사치하거나 낭비하지 않는다.</td></tr>
</table>

돈 쓰는 습관은 젊을 때 몸에 익혀라

어디에 어떻게 돈을 쓰는지 알면 그 사람의 됨됨이가 드러난다. 돈이란 꼭 써야 할 때 제대로 써야만 그 가치가 빛난다. 그러기 위해서는 효과적으로 돈 쓰는 방법을 익히고 이를 습관화해야 한다. 돈을 효율적으로 사용하려면 기업에서와 마찬가지로 투자와 경비로 나누는 것이 좋다. 투자를 할 때는 절대적인 투자 금액이 중요한 게 아니라 투자해서 얻을 수 있는 이익의 비율, 즉 투자 효율이 중요하다.

경비는 될 수 있는 한 적게 나가는 게 좋으므로 한 푼이라도 절약하려는 자세가 바람직하다. 돈을 사용할 때는 그 지출이 투자인지 경비인지 분명히 파악해야 한다. 또 다른 사람에게 선물할 때도 그 사람의 금전 감각을 엿볼 수 있다. 나는 다른 사람에게 선물할 때는 실제 금액의 절반이라고 생각하면서 준다. 다른 사람에게 선물을 받게 되면 실제 금액보다 두 배의 가치가 있는 물건이라 여기고 감사히 받는다.

그 정도의 감각이면 균형이 딱 맞는다. 대체로 남에게 베풀 때는 과대평가하고 남에게 받을 때는 과소평가하는 경향이 있기 때문에 그 정도로 생각하면 적당하다.

"돈은 인생의 전부가 아니다. 하지만 돈이 없는 인생 또한 인생이라고 말할 수 없다. 충분한 돈이 없으면 인생의 가능성 중 절반은 차단되는 것이나 다름없다."

윌리엄 서머셋 모옴*

회사에 들어온 지 얼마 되지 않은 신입사원과 내가 저축에 대해 나눴던 대화를 소개하고자 한다.

"자네, 저축을 하고 있는가?"

"매달 조금씩이지만, 일단 하고 있습니다."

"잘하고 있는 걸세. 그렇다면 왜 하는 건가?"

"저축을 하는 이유 말입니까? 왠지 장래가 불안하니까요."

"기왕 저축을 할 바에는 '왠지 불안하니까'라고 자신 없이 말해서는 안 되네. 더욱 구체적이고 적극적인 이유가 있어야지. 가까운 미래에 창업을 하기 위해서라든가, 유학 비용을 모으기 위해서든 뭐든 상관없네. 목표나 꿈을 실현하기 위한 저축이야말로 돈을 적극적으로 쓰는 걸세."

"적극적인 저축이라……. 그렇다면 저는 소극적인 저축을 하고 있는 셈이군요."

"인생을 자유롭게 살아가기 위해서도 저축은 필요하지. 특히 직장인이라면 상사가 불합리한 지시를 내릴 때도 있을 테고 도저히 납득할 수 없는 일이 일어날 수도 있으니까. 회사에서 법에 위배되는 지시를 할 때도 있으니까 말이야. 그럴 때 회사를 그만두고 싶어도 모아 놓은 돈이 없으면 참을 수밖에 없잖은가."

"결혼해서 아이라도 생기면 더더욱 그렇겠군요."

"그렇지. 하지만 저축을 해서 돈이 있으면 사장이나 상사에게 '아니요!' 하고 말하고 회사를 그만두어도 당장 생계가 곤란하지는 않지. 회사의 노예가 되어 영혼을 팔지 않아도 된다네."

"역시 저축은 필요하군요. 그런데 급여는 적고 여간해서 돈 모으기가 힘든걸요."

"젊을 때 급여가 적은 건 어쩔 수 없지만, 돈을 효율적으로 사용할 수 있게 개선하면 좋을 걸세. 한 가지 예를 들면, 사람들은 필요 이상으로 보험에 많은 돈을 넣고 있어. 돈은 자신의 꿈을 위해서라면 과감히 써야 하네. 나는 미국에 있는 비즈니스 스쿨로 유학을 가기로 목표를 정했을 때 집을 팔아서라도 가야겠다고 결심했지."

"쓸데없는 데는 돈을 쓰지 말고 필요할 때는 대담하게 써야 한다는 거로군요."

"그렇다네. 자신의 꿈이나 미션을 수행하기 위해 또는 자유를 손에 넣기 위해서도 착실히 저축을 해둬야 하지."

> "나는 젊었을 때 인생에서 돈이 가장 중요하다고 여겼다.
> 지금 나이가 들고 보니 정말 그렇다는 것을 알겠다."
>
> 오스카 와일드**

---

* **윌리엄 서머셋 모옴** William Somerset Maugham(1874~1965)
영국 소설가이자 극작가이다. 하이델베르크 대학 철학과를 졸업했으며 1897년 소설 《램버스의 라이자》로 데뷔했다. 제1차 세계대전 직전에 완성한 장편소설 《인간의 굴레》와 《달과 6펜스》로 유명하다.

** **오스카 와일드** Oscar Fingal O'Flahertie Wills Wilde(1854~1900)
아일랜드 출신의 극작가이자 소설가, 시인으로 19세기 말 '예술을 위한 예술'인 유미주의를 지향했다. 《도리언 그레이의 초상》, 《살로메》 등의 작품과 유명한 동화 《행복한 왕자》가 있다.

33 시간 관리가 업무 능력을 판가름한다

일이 빨리 끝났기 때문에
잔업을 하지 않는 것이 아니라
잔업하지 않겠다고 마음먹었기에
일이 빨리 끝난 것이다.

우에노 가즈노리

우에노 가즈노리上野和典(1953~)
가나가와 현 출신으로 완구, 프라모델, 생활용품 등을
취급하는 주식회사 반다이BANDAI Co., Ltd.의 대표다. 반
다이 사는 30년간 무려 4억 개나 팔린 메가히트작 '간
프라'로 유명하다.

5년 후 제자리걸음만 하는 사람	근무 시간에 쓸데없는 잡담으로 시간을 보내고 밤늦게까지 남아서 일한다. 야근하는 것을 열심히 일하는 것처럼 여기고 자랑으로 안다. 시간을 효율적으로 사용하지 못하고 업무 처리에 두서가 없다.
5년 후 승승장구하는 사람	업무의 효율성을 우선시하고 근무 시간에 일을 끝마치려 한다. 야근을 하지 않기 위해 시간을 효율적으로 배분하고 동료들한테도 피해를 주지 않는다. 일을 일찍 끝내지만 성과는 확실히 낸다.

업무의 효율을 높이고
쓸모없는 시간을 줄여라

다양한 심리학 연구를 통해 인간이 한 번에 집중할 수 있는 시간은 20분이라는 사실이 밝혀졌다. 사람마다 약간씩 차이는 있겠지만 이런 결과에 납득이 갈 것이다. 내 경험으로도 일이나 공부를 할 때 20분 이상 집중하면 몸이 힘들어진다. 20분마다 몇 분이라도 휴식을 취하면 집중력이 유지된다. 하지만 자칫 휴식이 길어지면 다시 집중 모드로 돌아오는 데 시간이 걸려서 효율이 떨어질 수도 있다.

고등학교의 수업 시간은 50분씩 진행되고 대학에서의 강의는 90분 단위로 이루어진다. 일을 할 때도 이와 마찬가지로 일정한 시간 단위로 나누면 효과적이다. 때로는 회의가 두 시간 이상 진행되기도 하는데, 참여자들의 집중력과 효율성이 떨어질 게 분명하다. 안건이 많아서 부득이하게 회의가 길어질 때는 두 시간 간격으로 휴식을 취하는 것이 좋다고 한다. 여담으로 자동차 내비게이션도 휴식 시간을 권고하고 있다.

자신의 신체 리듬이나 생활 습관에 따라 공부나 일을 집중해서 할 수 있는 시간대가 있다. 이를 프라임 타임prime time이라 하는데, 컨디션이 가장 좋은 이 시간에 중요한 업무를 보는 것도 시간을 활용하는 나름의 방법이 될 것이다. 인간의 생체리듬에 의하면 대다수 사람들의 프라임 타임은 오전 시간이다. 수면을 취하고 나면 두뇌가 회복되고 컨디션이 좋아진다. 이 시간에 집중도를 요하는 창조적인 일이나 집약적으로 업무를 처리해도 좋을 것이다.

우리는 흔히 작가라 하면 밤늦게까지 술을 마시거나 새벽까지 글을 쓰고 느지막이 일어나는 등 매우 불규칙한 생활을 하는 모습을 상상한다. 또 영감이 떠올라야 글을 쓸거라고 예상한다. 하지만 내가 아는 한 유명한 작가 중에는 매일 아침 일찍 일어나 오전 중에 시간을 정해 놓고 글을 쓰는 사람이 많다. 무라카미 하루

키만 해도 해가 지면 집필을 하지 않는다고 한다.

그리고 언제까지 이 일을 끝내겠다고 마감 시간을 정해 놓고 남은 시간과 남아 있는 작업량을 계산하면서 일하면 집중력이 높아진다. 아무 때나 끝내면 되지 하는 안이한 방식으로는 절대 효율이 오르지 않는다. 그런데 많은 사람이 계획성 없이 막무가내로 일을 하는 편이다. 업무에서 효율성을 높이고 싶다면 쓸데없이 허비되는 시간을 줄이는 것도 중요하다.

낭비되는 시간을 줄이는 비결은 '빠른 회신'quick re-sponse 습관이다. 나는 업무에 필요한 메일을 받으면 바로 답신을 보낸다. 그 이유는 나중으로 미루었다가 회신하는 것을 깜빡 잊었던 경험이 많아서다. 또한 내가 바로바로 답신을 해서 피드백을 하지 않으면 메일에서 언급한 사안이 더 이상 진행되지 않기 때문이다. 내 손 안에 들어온 공은 재빨리 상대에게 토스해서 가급적 내가 들고 있지 않는 게 나만의 원칙이다.

조직에서나 대외적인 거래에서도 빠른 의사 결정과 함께 빠른 회신은 매우 중요하다. 누구나 최소한 해야 하는 기본적인 태도는 자신이 그 메일을 받았는지 아닌지 상대에게 수신 여부만큼은 알려줘야 한다는 것이다. 메일은 읽었는지, 내용은 이해했는지, 질문한 사안에 대한 답신은 언제 해줄 건지 정도는 바로 회신해야 한다.

나 역시 내가 질문한 사항에 대해 거래처나 담당자가 답신을 안 해주면 기다리는 내내 조바심을 냈던 것 같다. 앞에서도 언급했지만 메일이든 비즈니스 문서든 결론부터 먼저 쓰는 것이 원칙이다. 글을 마지막까지 읽지 않아도 그 사안의 결과가 '예스'인지 '노'인지, 상대가 무엇을 원하는지 분명히 알 수 있도록 작성해야 한다.

나는 사내 메일이나 비즈니스 문서의 제목에 가급적 주제와 결론을 쓰도록 지도하고 있다. 문서를 받아서 제목만 봐도 얼마나 긴급한 사안이고 중요한지 판단할 수 있다. 그럴 경우 메일을 읽고 처리하는 우선순위를 결정할 수 있기 때문이다. '친목 모임의 참석 여부'를 묻는 메일은 나중으로 미루고, '○○에서 중대 클레임 발생! 대책방안 세 가지'와 같은 제목의 메일을 발견하면 아무래도 가장 먼저 읽게 된다.

또 하나, 내용을 모두 첨부파일로 해놓는 경우도 자주 있는데, 분명 실례라고 생각한다. 메일을 받고 확인하는 것도 수고스러운데, 첨부파일을 일일이 열어서 읽어야만 어떤 내용인지 알 수 있다는 것은 두말할 필요 없이 비효율적이다. 물론 파일을 첨부하지 말라는 것이 아니라 메일 본문에 결론만이라도 간단히 적어야 한다는 뜻이다.

최근에는 스마트폰으로 메일을 확인하는 경우가 많다. 그런데 스마트폰으로 세부적인 자료를 보는 건 아무래도 불편하지 않을까. 이 점을 감안하고 상대를 배려하는 선에서 문서를 주고받는 배려가 필요하다.

"효과적인 지식 노동자는 새로운 일을 시작할 때 무조건 덤벼들지 않는다. 시간 관리부터 시작한다. 그렇다고 계획을 세우는 것도 아니다. 현재 어느 곳에 어느 정도의 시간을 사용하고 있는지부터 정확히 파악한다. 이후 시간을 적절히 안배하면서 비생산적인 일에 소모되는 시간을 과감히 줄여나간다. 이렇게 해서 만들어진 '자유재량의 시간'을 앞으로 계속될 크고 중요한 일에 쏟아 붓는 것이다."

피터 드러커

34 지금 할 수 있는 일을 당장 하라

우리가 이 세상을 살아가는 시간은 한정되어 있다.
정말 중요한 일을 정말로 열심히 할 수 있는 기회는
두세 번밖에 오지 않는다.

스티브 잡스

스티브 잡스 Steven Paul Jobs(1955~2011)
애플의 전 CEO이자 공동 창립자이다. 1976년 애플을
설립했으며 혁신적인 기술과 아름다운 디자인의 컴퓨터
를 선보였다. 획기적인 운영 체계를 적용하여 컴퓨터에
대한 지식이 없는 사람들도 불편없이 사용할 수 있는 애
플의 컴퓨터는 시장에서 큰 반응으로 보이며 성공적으
로 판매됐다. 2007년 아이폰을 출시하며 스마트폰의 새
시대를 열었고, 이후 사업가에서 세상을 바꾸는 인물로
평가 받는다.

5년 후 제자리걸음만 하는 사람	'내일 해도 될 거야' 하는 막연한 생각으로 일을 미루기만 한다. 그러다 어떤 일도 제대로 해내지 못한다. 어떤 업무를 먼저 처리할지 우선순위를 생각하지 않아 중요한 일도 뒤로 밀리고 잡무만으로 하루를 보낸다.
5년 후 승승장구하는 사람	하기 싫은 업무일수록 빨리 처리하려고 한다. 오늘 하기 싫은 일은 내일도 하기 싫다는 사실을 잘 알고 있다. 그런 일은 일정을 앞당겨 마무리한다. 우선순위를 매기고 중요한 일에 충분한 시간을 할애한다.

순발력 있게 움직이고, 민첩하게 대응하라

우리는 당연히 내일이 온다고 믿는다. 하지만 모든 사람에게 반드시 내일이 온다는 보장은 없다. 또 시간에 쫓기는 일은 아니지만 오늘 할 수 있는 일을 내일로 미룬다고 해서 내일 마무리할 수 있다는 보장은 어디에도 없다. 내일은 또 다른 내일 해야 할 일이 생긴다는 말이다. 때로는 막상 내일이 되었을 때 무슨 일을 해야 하는지 잊어버릴 수도 있다.

그렇게 하루하루 미루는 사이 그다지 급하지 않았던 사안이

긴급한 일이 되는 경우도 많다. 지금 당장 할 수 있는 일이라면 바로 해치우는 습관은 정말 중요하다. 그래야만 자잘한 일이 쌓여 큰일로 다가오지 않기 때문이다.

모든 일은 중요도와 긴급도의 두 축으로 나눌 수 있다. 이 두 축을 근거로 업무를 분석해 보면 중요하고 긴급한 일, 덜 중요하고 긴급한 일, 중요하고 덜 급한 일, 덜 중요하고 덜 급한 일, 이렇게 네 가지 영역으로 나뉜다. 누구나 중요하고 긴급한 일은 당장 처리할 것이다. 그런데 이때 문제가 되는 것은 중요하면서도 아주 급하지 않은 일이다.

그런 일은 중요하다는 것을 잘 알면서도 자신도 모르게 조금씩 뒤로 미루게 된다. 그래서 사안이 덜 급할 때 미리미리 처리하지 않으면 어느 날 갑자기 긴급한 일로 모습을 바꿔 엄습해 올 수도 있다. 이런 이유로 불필요한 일, 즉 중요하지 않으면서 긴급하지도 않은 일은 가급적 하지 않는 방법을 찾아내는 것도 요령이다.

내가 직접 처리하지 않아도 되는 일이라면 누군가에게 부탁해서 넘기는 것도 업무를 효율적으로 처리하는 방법이다. 그럴 경우 사람들과의 불필요한 교류까지 없앰으로써 시간을 절약할 수 있어 일석이조다. 평소 의식적으로 긴급하지는 않지만 중요한 업무는 그때그때 처리하는 것이 좋다.

전략을 세우고 미션을 결정하고 계획을 세우는 일, 직원들과 대화를 나누고 가족과 함께하는 시간 등은 지금 당장 하지 않아도 큰 문제가 생기지 않는다. 하지만 평소에 시간을 내서 하지 않으면 나중에 다른 '긴급하고 중요한 일'에 밀리기 마련이다. 때문에 항상 우선순위를 염두에 두어야 한다.

한편 사회 초년생 때 발 빠른 대응 능력을 익히는 것도 중요하다. 상사나 거래처에서 부탁한 사안에 대해서는 특히 민첩하게 대응하라. "급하지 않으니까 시간이 될 때 해줘." 또는 "아무 때나 해도 됩니다." 하고 상대가 말하더라도 당신이 바로바로 처리하면 무척 고마워할 것이다. 그만큼 더 신뢰가 쌓인다. 똑같은 일을 하더라도 바로 대응하면 그 효과가 배가되는 법이다.

조직에 속해 있는 일이라면 중요하든, 중요하지 않든 간에 반드시 사람과 연관되어 있다. 고객이 있기에 일이 있는 것이고, 다른 사람과 연계되어야 일이 이뤄진다. 상사가 있기에 일이 있으며 팀을 이룬 동료가 있기에 하나의 일이 마무리된다. 이렇게 사람과의 관계가 얽혀 있는 일에서는 더더욱 자신의 상황만을 우선해서는 안 될 것이다. 특히 권한도 재량도 없는 사회 초년생 시절에는 더욱 그러하다.

중요한 것은 일을 처음 시작할 때의 순발력과 민첩성이다. 조금씩 일에 익숙해지면 일을 추진해 나가는 방법에도 어느 정도 요령이 생긴다. 그러면 긴급하지 않은 일은 나중으로 미루게 된다. 그런데 이 '나중에'를 자칫 가볍게 여겼다가는 큰코다치기 십 상이다.

꼭 해야 할 일을 '이건 그 작업할 때 같이 하면 되지 뭐' 하고 미루기 쉽지만, 막상 그 '다른 작업을 할 때 같이'가 생각했던 것 처럼 제대로 실행되지 않는다는 데 문제가 있다. 일이 바쁠수록 그렇다. 같이 처리해야 한다는 사실을 깜빡 잊어버리기 일쑤며, 결국에는 그 일을 만회하기 위해 생각지도 않았던 일까지 처리 해야 하는 상황이 벌어지고 만다.

'나중에' 또는 '……할 때 같이'라고 생각하는 것도 우선순위를 정해야 한다. 그런데 확실한 기준을 갖고 우선순위를 결정한 것 이 아니라 그저 지금 하기 귀찮아서 미루는, 한마디로 게을러서 그런 경우도 있을 것이다.

어느 조직이든 일 잘한다는 말을 듣는 직원은 대부분 주어진 업무를 그때그때 처리한다. 최소한 자신이 해야 하는 업무를 미 루지 않는다는 말이다. 업무를 처리할 때의 순발력은 리더의 중 요한 자질 중 하나라고 해도 좋다. 내가 알고 있는 리더, 특히 창 업 경영자들은 상담이 끝나기가 무섭게 적임자를 물색하고 곧바 로 전화를 걸어 이야기를 마무리 짓는다. 사안을 깜빡 잊어버릴 위험을 사전에 차단하는 것은 물론, 일을 처리할 때 발 빠른 대응 력의 중요성을 뼛속 깊이 인식하고 있기 때문이다.

"'무엇을 해야 하는가? 얼마나 해야 하는가?'만 생각한다면 아무것도 하지 못하는 사이 얼마나 많은 세월이 흘러가겠는가."

요한 볼프강 폰 괴테

특히 젊은이들에게 당부하고 싶은 말이 있다. 젊었을 때부터 재빨리 일을 처리 습관을 길러 둘 필요가 있다. 한마디로 엉덩이가 가벼워야 한다. 그런 습관은 평생 좋은 토대가 되어줄 것이다. 누군가가 업무 요청을 하거나 부탁을 받으면 바로 움직여라. 생각났을 때 시작하라. 젊은 시절에는 그래야 한다. 그런 사람도 나이가 들면 행동이 둔해진다. 그런 순발력과 민첩함이 때로는 성마르게 보일지라도 분명 경영자로서 갖추어야 할 중요한 품성이다.

35 여유 시간도 남다르게 활용하는 법

시간의 흐름에는 세 가지가 있다.
미래는 주저하면서 다가오고
현재는 화살과 같이 빠르게 날아가며
과거는 영원히 멈추어 있다.

프리드리히 폰 실러

프리드리히 폰 실러 Friedrich von Schiller(1759~1805)
독일 고전주의 극작가이자 시인, 철학자, 역사가, 문학
이론가다. 괴테와 함께 독일 고전주의의 2대 문호로 일
컬어진다. 그의 작품은 인간의 자유와 존엄성을 바탕으
로 하며 1800년대와 1848년 혁명기 독일인들의 자유
를 얻기 위한 투쟁에 많은 영향을 끼쳤다. 베토벤의 '제
9교향곡'에서 노래한 '환희의 송가'와 역사극 《돈 카를
로스》, 《발렌슈타인》 3부작, 《빌헬름 텔》 등이 있다.

항상 스마트폰을 만지작거리고 인터넷 서핑으로 시간을 보낸다. 시간 개념이 없어서 자주 지각하거나 약속 시간에도 늦는다. 언제까지나 청춘으로 남아 있을 것처럼 행동한다. 미래에 대한 준비가 없다.

10분의 여유 시간에도 책을 읽을 만큼 시간을 알뜰하게 활용한다. 틈틈이 메일을 확인하는 등 그때그때 잡무를 처리한다. 해야 할 일을 미루지 않는다. 시간이 얼마나 귀중한 자산인지 알고 소중하게 여긴다.

자투리 시간에 인풋하고,
긴 시간을 확보해 아웃풋하라

각자 타고난 능력이나 가정환경 등은 내가 선택할 수 없는 것들이다. 어떤 의미에서는 참 불공평하다고 할 수 있다. 하지만 우리에게 주어진 시간만큼은 누구에게나 공평하다. 똑같이 24시간이 주어졌으며 똑같이 나이를 먹고 늙어 간다. 공평하게 주어진 이 시간을 얼마나 잘 활용하느냐에 따라 능력이나 가정환경도 극복할 수 있다.

누구도 예외 없이 성공한 사람들을 보면 시간을 운용하는 데 있어 뛰어난 능력을 발휘했다. 시간을 효율적으로 활용하려면, 우선 사람을 기다리거나 이동 시간, 업무와 업무 사이의 자투리 시간을 잘 이용하는 것이 중요하다.

아웃풋output, 즉 어떤 결과물을 내는 데는 어느 정도의 시간이 확보되어야 한다. 하지만 인풋input, 다시 말해 지식이나 정보를 머릿속에 집어넣는 일은 짧은 시간에도 가능하다. 잠깐 짬이 날 때는 신문을 읽는다거나 어학 공부를 하는 식으로 정보를 흡수하면 좋다. 혹은 그다지 머리를 쓰지 않아도 되는 메일 확인이나 파일 정리 등의 잡무를 처리하면 효율적이다.

긴 안목으로 보면, 그 짧은 자투리 시간을 얼마나 효과적으로 활용하느냐에 따라 업무 성과에서 큰 차이가 날 수 있다. 그런데 그렇게 하려면 그에 따른 준비가 필요하다. 미팅 약속을 했을 때 상대가 늦을 경우를 대비해 책을 가지고 다닌다든가 하면 좋다. 출퇴근하는 전철에서라든지 음식점 앞에서 줄 서서 기다릴 때는 물론, 화장실에서도 짬짬이 바로 할 수 있는 무언가를 준비해 두면 어떨까.

시간을 알차게 활용하겠다는 마음만 먹으면 기다리는 시간이나 쓸모없이 버려지는 시간도 얼마든지 이용할 수 있으며 자투리 시간도 어떻게 활용하느냐에 따라 자산이 될 수 있다. 다시 말해 어떤 환경에서도 의지만 있다면 시간을 내 것으로 만들 수 있는 것이다.

"인생이라는 시합에서 가장 중요한 것은
휴식 시간을 어떻게 보내느냐에 달려 있다."

나폴레옹 보나파르트

현재 내 앞에 있는 일이 아무리 사소하게 보여도, 그런 사소함이 쌓여 나의 인생을 좌우한다는 사실을 기억해야 한다. 자신에게 주어진 하루 24시간을 헛되이 보내지 않으면 그 시간이 일주일, 한 달이 되어 차곡차곡 쌓인 결과물을 손에 넣을 수 있다. 그렇게 전력투구하다 보면 자연스럽게 실력과 실적이 쌓일 것이다. 내일을 내다보며 오늘 최선을 다하라.

"내일 죽을 것처럼 살아라.
영원히 살 것처럼 배워라."

마하트마 간디

지금까지의 경험으로 소위 성공했다고 하는 경영자 중에 성격이 느긋한 사람을 본 적이 없다. 모두가 하나같이 성격이 급하고 그때그때 신속하게 일을 처리하고 시간을 허투루 쓰는 것을 싫어했다. 그들은 시간이야말로 가장 소중한 자원이라는 사실을 너무나 잘 알고 있다. 나는 기업에 있어 가장 희소성 높은 자원은 '사장의 시간'이라고 생각한다.

리더가 어떤 일에 시간을 가장 많이 할애하는지를 보면 그 일의 중요성을 알 수 있다. 또 한 조직을 이끄는 리더는 정말 중요한 일에 자신의 시간을 쏟아야 한다. 부지불식간에 중요하지 않은 잡무에 쫓기다 보면 정작 리더가 해야 하는 중요한 선택이나 결정을 놓칠 수도 있다. 기업의 입장에서 생사를 가르는 치명적인 결과를 불러올 수도 있다.

리더라면 반드시 하지 않아도 되는 잡무는 다른 사람에게 넘기는 것이 맞다. 리더는 리더가 해야 하는 정말 중요한 업무에 집중해야 한다. 내가 아는 한 중소기업 사장은 출장을 갈 때마다 숙소며 교통편을 직접 알아보고 예약했다. 그런 일을 좋아해서 취미 삼아 하는 거라면 할 말이 없지만, 그런 업무는 당연히 비서가 담당해야 한다. 시간은 돈이기 때문이다.

나는 일본 내 출장을 갈 경우 비행기보다는 고속철도인 신칸센을 선호한다. 신칸센을 탈 때는 요금이 비싸더라도 보통 차량이 아니라 특실 차량인 그린카를 애용한다. 그 비용을 지불해도 전혀 아깝지 않기 때문이다. 비행기를 타면 우선 이동시간이 잘

게 분산된다. 또 좌석이 좁고 흔들리기 때문에 이동 중에 일을 하기에도 적합하지 않다.

신칸센 그린카의 요금이 비싸서 부담스럽게 느껴지지만, 이동하는 서재라고 생각하면 오히려 저렴한 편이다. 의자가 널찍하고 편한데다 노트북을 연결할 수 있는 전원도 있다. 대부분 옆 좌석이 비어 있어 한 자리가 덤으로 생기기도 한다. 허투루 버려질 수 있는 귀중한 시간을 알차게 사용하기 위해 지불하는 비용이라고 보면 된다. 물론 신칸센을 타고 도착할 때까지 잠을 잔다면 아무 의미가 없겠지만 말이다.

36 일 잘하는 사람은 절대 밤새지 않는다

아침에 늦잠을 자는 사람치고
일 잘하는 사람은 한 사람도 없다.

조나단 스위프트

조나단 스위프트 Jonathan Swift(1667~1745)
아일랜드 더블린에서 출생한 소설가이자 성직자다. 그
의 천재성이 진가를 발휘한 것은 걸작 《지어낸 이야기》
를 쓰면서부터다. 한때 정치에 뜻을 두고 활동하다
1714년 아일랜드로 돌아가서 《걸리버 여행기》를 비롯
한 많은 정치, 종교계를 풍자한 글을 썼다.

5년 후 제자리걸음만 하는 사람	주중에는 규칙적인 생활을 해야 함에도 잠자는 시각도, 일어나는 시각도 불규칙하다. 중요하지 않은 사적인 모임에 자주 참석한다. 생활 리듬이 일정하지 않다. 밤늦게까지 SNS를 하고 심야방송을 즐겨 본다.
5년 후 승승장구하는 사람	자신의 신체 리듬을 깨지 않으면서 생활한다. 매일 일정한 시각에 일어나고 일정한 시각에 잔다. 기본적으로 아침에 일찍 일어나 오전 시간을 활용한다. 독서와 산책이 습관으로 자리 잡아 규칙적으로 한다.

한 시간 늦게 자면 다음 날 하루 치 일을 망친다

받아 놓은 날은 빨리 간다는 말이 있다. 마냥 청춘일 것 같은 젊음도 눈 깜짝할 사이 지나가 버린다. 언제까지나 영원할 것 같지만 지난 시간을 되돌아보면 시간이 얼마나 빨리 가는지 알 수 있다. 그야말로 날아가는 화살처럼 빠른 게 세월이다.

당신은 그 시간을 어떻게 활용할 것인가? 아무 결과물도 만들어 내지 못하는 쓸모없는 시간을 줄이는 게 우선이다. 해야 할 일에 집중하는 시간을 늘리고 시간 자체의 질에 대해서도 의식하며 살아야 한다. 한편, 활동하는 시간을 효과적으로 사용하기 위해서는 될 수 있는 한 규칙적인 생활을 하는 게 좋다.

머리가 가장 맑은 프라임 타임, 즉 효율성이 높은 시간대를 늘리려는 노력이 필요하다. 일반적으로 프라임 타임은 오전이지만 사람마다 신체 리듬이 다르므로 자신의 신체 리듬을 파악한 뒤 그 시간대에 집중력을 요하는 중요한 일을 한다. 나는 아무리 바빠도 충분한 수면을 취하려 한다. 언젠가 조금 자는 수면법이 유행했던 적이 있는데, 내 경우는 최소한 여섯 시간에서 일곱 시간을 자는 것이 좋다.

나는 오전 시간대가 프라임 타임이라 그날 해야 할 일의 80퍼센트를 될 수 있는 한 오전에 처리하고 있다. 지친 상태에서 머리가 복잡한 밤에 두 시간 일하는 것보다 충분한 수면을 취하고 난 아침 30분이 훨씬 더 집중력이 높기 때문이다. 머리가 맑은 아침에는 어렵고 복잡한 안건이나 보고서 작성을 해도 아이디어가 샘솟고 의욕이 충만해지곤 한다.

나는 오전 시간을 집필이나 비즈니스 스쿨에서의 강의 준비에 할애하고 있다. 오후부터는 될 수 있으면 사람을 만나거나 이동하는 데 시간을 쓴다. 특히 저녁때는 많은 활동으로 두뇌의 집중도가 떨어지기 때문에 산책을 하거나 골프 연습장에 가는 등 적극적으로 몸을 움직이려 한다.

점심을 먹고 나면 가끔 나른해지고 졸음이 오는데, 그럴 때는 아주 짧게나마 잠깐 눈을 붙이면서 휴식을 취하기도 한다. 그러면 오후에도 두뇌 활동이 활발해져서 다시 한 번 프라임 타임으로 활용할 수 있다.

"늦잠은 시간을 지불하는 일이다.
심지어 늦잠만큼 비싼 지출은 없다."

앤드류 카네기*

초등학생한테나 할 법한 말이지만, 매일매일 규칙적인 생활 리듬을 유지하는 것은 정말 중요하다. 한창 젊을 때는 젊음만 믿고 무리하기 십상이다. 사회 초년생 시절에는 마음이 맞는 동기들과 늦게까지 어울리는 날이 많다. 막차를 타고 들어갈 만큼 늦게까지 술을 마시느라 수면은 턱없이 부족하고, 역시나 다음 날은 집중력이 엄청 떨어진다. 가끔은 그렇게 미친 듯이 노는 것도 좋지만, 규칙적인 생활이 기본이 되는 자기 관리는 정말 중요하다.

'일만 잘하면 개인 시간이야 어떻게 보내든 자유'라고 생각하는 사람도 있을 것이다. 하지만 숙취나 수면 부족이 다음 날 하루 종일 업무에 영향을 미친다는 것은 두말할 필요도 없다. 급여를 받고 있다는 프로 의식이 있다면 자신의 컨디션 관리를 철저히 하는 것은 기본이다. 신체도 정신도 최상의 상태에서 업무에 임해야 할 것이다.

> "시간을 가장 효율적으로 쓰는 사람이
> 가장 훌륭한 일을 할 수 있다."
>
> 가노 지고로[**]

나는 젊었을 때부터 늦어도 밤 12시에는 잠자리에 들려고 노력했다. 약간 방심했다가 새벽 1시에만 자도 다음 날 컨디션이 확실히 나빠지는 경험을 여러 번 했기 때문이다. 수면 시간이 한 시간 줄었을 뿐인데도 다음 날 하루 종일 두뇌 활력이 떨어졌다. 하루의 활동 시간을 여덟 시간이라고 하면 전날 수면을 한 시간만 줄였을 뿐인데도 다음 날 여덟 시간을 희생한 것이나 다름없다.

한때 기업에서 책임자로 일했던 시절에는 술자리가 자주 있었지만 웬만하면 2차는 가지 않았다. 그다지 생산적이지 않은 술자리와 내 컨디션 관리를 저울질해 보면 경영자로서 어느 쪽을 선택할지는 불 보듯 뻔한 일이다. 또 하나, 규칙적인 리듬을 만들기 위해서는 적당한 운동도 빼놓을 수 없다.

건강에 걷기가 좋다는 사실은 누구나 알고 있지만 이런저런 핑계를 늘어놓으며 게을러지기 일쑤다. 나는 나태해지지 않으려고 개를 키우면서 아침이나 저녁 때 함께 산책을 나가고 있다. 아무리 핑계를 대고 싶어도 개는 봐주지 않기 때문이다. 이런 규칙적인 산책도 꾸준한 컨디션 관리에 큰 도움이 된다.

*　　**앤드류 카네기**Andrew Carnegie(1835~1919)
전보 배달원과 전신기사로 일하던 중 펜실베이니아 철도회사 사장의 개인비서로 고용되어 고속 승진했다. 1872년 카네기 철강회사의 전신이 된 J.에드가톰슨 철강공장을 설립, 19세기 후반 미국의 철강 산업을 거대하게 성장시켰으며 당대 최고의 자선사업가였다.

**　　**가노 지고로**嘉納治五郎(1860~1938)
일본의 유도柔道인이자 교육자다. 그는 선천적으로 힘과 체력이 약했으며 체격 또한 작은 편이었는데 그걸 극복하기 위해 유술을 익혔다. 유도의 창시자로 아시아 최초 IOC 위원을 지냈으며 근대 일본의 체육 발전에 지대한 공헌을 했다.

37 쉬는 것도 전략이다

적당한 게으름은
생활에 풍미를 더해 준다.

가지이 모토지로

가지이 모토지로 梶井基次郎(1901~1932)
일본 근대 문학의 고전으로 손꼽히는 작품을 남겼으며,
우리나라 이상에 비견되는 작가이다. 제3고등학교를 거
쳐 도쿄대학 영문과에 입학했으나 결핵으로 중퇴했다.
재학 중에 동인지 《아오조라》青空를 창간했으며, 《레
몬》, 《성이 있는 마을에서》城のある町にて 등 청춘의 허무
와 퇴폐를 섬세한 문체로 읊었다.

<table>
<tr><td>5년 후
제자리걸음만
하는 사람</td><td>일하는 시간과 쉬는 시간의 경계가 모호하다. 종일 일을 붙들고 있지만, 결과물을 내지 못한다. 주말에도 온종일 집에서 빈둥거리며 시간을 보낸다. 언제 어느 때 무슨 일을 해야 되는지에 대한 시간 개념이 없다.</td></tr>
<tr><td>5년 후
승승장구하는
사람</td><td>일할 때와 휴식 시간의 구분이 뚜렷하다. 집중해서 일하기 때문에 업무의 효율성이 높다. 주중에는 회사 생활에 집중하고 휴일에는 몸과 마음을 충전시킨다. 다양한 일에 호기심이 있으며 인간관계의 폭이 넓다.</td></tr>
</table>

아무리 바쁘더라도 일주일에 하루는 제대로 쉰다

중국의 고전 《후한서》後漢書에 '항아리 속의 세상'이라는 이야기가 나온다.

고대 중국에 비장방費長房이라는 방사方士(고대 중국에서 의술이나 연금술 등의 기예를 닦은 사람)가 시장 관리직을 맡고 있을 때의 일이다. 어느 날 관청의 2층에서 밖을 내다보니 성벽을 따라 노천에 상인이 줄지어 있었다. 저녁이 되자 한 노인이 가게를 접더니 뒤쪽 성벽에 걸려 있는 항아리 속으로 쏙 들어가 사라져 버리는 게 아닌가.

그는 '저 사람이 바로 선인仙人이로구나!' 하고 끝까지 지켜보았다. 다음 날 그는 노인이 가게를 닫을 때를 기다려 그곳으로 가서 간곡히 청했다.

"저는 어제 당신이 항아리 속으로 사라지는 모습을 보았습니다. 당신은 선인이시죠? 저도 꼭 데리고 가주십시오."

그렇게 해서 비장방은 노인을 따라 항아리 속으로 들어가게 되었다. 문득 정신을 차려 보니 더할 나위 없는 절경이 펼쳐져 있었고, 휘황찬란한 궁전으로 안내 받은 그는 성대한 대접을 받고 돌아왔다고 한다.

양명 학자인 야스오카 마사히로 선생은 이 이야기를 읽고 자신의 책에서 이렇게 말했다.

유명한 송나라의 《운급칠첨》*雲笈七籤에도 이와 비슷한 이야기가 있다. 인간은 어떠한 처지에 있더라도 자신만의 내면 세계를 품을 수 있다. 항아리 속에서 어떤 세상을 보느냐에 따라 그 사람의 정취가 결정된다.

주변 사람들과 이야기를 나누다 보면 뜻밖에도 다양한 재능을 감추고 있는 사람들이 많다. 문학에 조예가 깊다거나 음악을 비롯한 예술에 풍부한 지식을 갖추고 있기도 하고, 신념이나 신앙을 지니고 있기도 한다. 이러한 일이 마음에 차지 않는 속세 생활을 구원으로 이끈다. 그러한 항아리 속의 세상은 상당히 으늑하다.

우리가 항상 긴장한 상태로 지낸다면 정신적으로도, 육체적으로도 오래 버틸 수 없다. 누구에게나 활력을 되찾을 수 있는 자신만의 장소와 시간이 반드시 필요하다. 삶을 활기차고 풍성하게 만드는 취미를 즐긴다거나 스포츠 활동을 통해 땀을 흘리는 것도 중요하다. 때로는 산과 바다, 숲 등 자연과 하나가 되어 몸과 마음을 쉬어 주고 재충전하면 좋다.

"인간은 자연에서 완전히 벗어날 수 없다.
인간은 어디까지나 자연의 일부다."

에리히 프롬**

인류가 탄생한 지 600만 년이고 인류 진화의 최종 단계인 현생인류가 아프리카에서 세계로 널리 퍼진 것이 5만 년 전이라고 한다. 인류가 오늘날과 같은 생활양식을 시작한 지는 수천 년쯤 되었을까? 다시 말해 인간은 예나 지금이나 자연과 함께 살고 있는 자연의 일부임을 깊이 인식할 필요가 있다.

해가 뜨면 잠에서 깨고 해가 지면 몸을 누인다. 불이 없던 시절에는 틀림없이 이렇게 생활했을 것이다. 최근에는 우리의 삶이 많이 복잡하고 다양해지고 있지만, 인간으로서의 본질은 그리 쉽게 변하지 않을 것이다. 우리는 항상 자연의 일부라는 사실을 자각해야 한다.

> "수면에는 굉장한 것이 준비되어 있다.
> 상쾌하게 잠을 깨는 것이 바로 그것이다.
> 하지만 훌륭한 수면이란 없다."
>
> 앙드레 지드***

수면은 뇌가 활동하고 신체는 이완되는 '신체를 위한 수면'인 렘REM수면과 '뇌를 위한 수면'으로 잠든 직후 나타나며 사람이 가장 깊이 잠든다는 논렘Non-REM수면으로 이루어져 있다. 사람이 잠을 잘 때 렘수면과 논렘수면을 90분 단위로 반복하기 때문에 하루에 여섯 시간, 일곱 시간 반, 이홉 시간의 수면 시간을 확보해야 좋다고 한다. 일주일이라는 단위도 우리가 예부터 몸에 익혀온 생활 리듬인 것이다.

그 생활 리듬을 깨뜨리지 않으려면 아무리 바빠도 일주일에 한 번은 느긋하게 휴식을 취하면서 재충전을 위한 시간을 보내야 한다. 그래야만 에너지가 충만한 상태에서 업무에 집중할 수 있을 것이다.

---

* **운급칠첨**雲笈七籤
중국 송나라 시대에 진종 황제의 명령으로 장군방張君房이 중심이 되어 편찬한 도교 교리서로 총 122권이 있다.

** **에리히 프롬**Erich Seligmann Fromm(1900~1980)
독일 출신의 미국 정신분석 학자이자 사회심리 학자로 신프로이트 학파다. 하이델베르크 대학에서 박사학위를 받고 뮌헨 대학과 베를린의 정신분석연구소에서 공부했다. 미국으로 망명해 컬럼비아 대학, 뉴욕 대학 등의 교수를 역임했으며 인간의 심리와 사회의 상호작용을 깊이 탐구했다. 《자유로부터의 도피》, 《건전한 사회》, 《자조적 인간》 등의 저서가 있다.

*** **앙드레 지드**André Paul Guillaume Gide(1869~1951)
파리에서 태어났으며 신경발작으로 인한 허약한 몸으로 중퇴하고, 19세부터 창작을 시작했다. 1891년 처녀작인 《앙드레 왈테르의 수기》를 시작으로 《지상의 양식》, 1909년에 발표한 《좁은 문》, 《이자벨》, 《교황청의 지하도》 등이 있다. 1947년 노벨 문학상을 받았다.

38 독서는 시간 절약의 지름길

작가는 책을 시작할 뿐이다.
책은 독자가 완성시키는 것이다.

새뮤얼 존슨

새뮤얼 존슨 Samuel Johnson(1709~1784)
영국 시인이자 평론가로 옥스퍼드 대학에 입학하지만
가난해서 학업을 포기했으며 1755년 영국에서 처음으
로 영어사전을 만들어 영문학 발전에 크게 이바지했다.
풍자시 〈런던〉, 〈덧없는 소망〉과 영국 시인 52명의 전
기와 작품론을 정리한 《영국 시인전》 10권을 발표했다.
신앙적으로는 성례전과 교회의 권위를 중요하게 생각
하는 고교회파 성공회 신자였다.

<table>
<tr><td></td><td>책을 읽거나 강연회에 참석하는 등 자기계발에 관심이 없고 투자하지도 않는다. 책은 도서관이나 친구한테 빌려 본다. 원래 책을 좋아하지도 않지만 설사 구입하더라도 바로 팔아 치운다.</td></tr>
<tr><td></td><td>자신에 대한 투자를 아까워하지 않는다. 주기적으로 도서 목록을 만들어 구입한다. 구입한 책은 계획을 세워 반드시 읽는다. 독서할 때 여백에 메모를 해가며 여러 번 읽고 책을 소중히 여긴다.</td></tr>
</table>

빌 게이츠, 일론 머스크가
손에서 책을 놓지 않는 이유

독서 인구가 점점 줄어들고 있다고 한다. 요즘에는 전철을 타도 책을 읽고 있는 사람을 보기가 좀처럼 쉽지 않다. 다들 한 손에 스마트폰을 들고 시선이 거기에 고정되어 있다. 책이 안 팔린다는 것이 어제오늘의 문제는 아닌 듯싶다. 그런데도 서점에 나가 보면 신간 서적이 쉴 새 없이 쏟아져 나온다. 아이러니한 사실이 아닐 수 없다.

마케팅 도서의 경우 매출이 10만 부를 넘을 확률이 겨우 0.4퍼센트 정도라고 한다. 책이 이렇게 안 팔리는데 어째서 신간은 끊임없이 출간되는 것일까? 들리는 말에 의하면 그 이유가 출판사의 사정 때문이라고 한다. 출판사에서는 일단 신간을 내면 서적 도매상을 통해 현금이 들어온다. 나중에 책이 안 팔리면 반품을 하기 때문에 책이 조금씩 반품되어 돌아오지만 현금의 흐름 면에서 보면 일단 현금이 손에 들어오는 것이다.

요즘은 운영이 어려운 출판사가 많기 때문에 현금 흐름을 원활하게 하려다 보니 오늘도 서점에는 수많은 신간이 깔리는 것이다. 아무리 심혈을 기울인 책이라도 안 팔린다는 현실에 대해서는 나도 실감하는 바다. 누군가 책이 안 팔리는 이유가 "당신의 책이 재미없기 때문이에요."라고 말한다면, 그 말도 옳다.

나 역시 한 사람의 독자로서 책을 읽지 않는 사람을 보면 무척 안타까운 마음이 든다. 책은 단돈 만 몇 천 원으로 다양한 지식과 정보를 얻을 수 있으며, 소설의 경우는 각양각색의 간접 체험도 가능하다. 전문가가 몇 십 년 동안 연구한 내용이 한 권의 책 속에 응축되어 있지 않은가.

한 가지 당부하고 싶은 것은 책은 돈을 주고 사는 것이 바람직하다. 도서관이나 남한테 빌린 책에는 밑줄을 긋거나 메모를 할 수가 없다. 한 번 읽고 버리는 잡지나 소설이라면 몰라도 책에서 무언가를 배우고자 한다면 중요한 내용에 표시도 하면서 책을 지식의 창고로 활용해야 한다는 게 내 생각이다.

학교에 다닐 때도 교과서 내용을 잘 이해하려고 밑줄을 치고 메모도 했을 것이다. 그렇게 해야 더 잘 외워지고, 나중에 다시 읽을 때 책장을 착착 넘기면서 표시해 둔 부분만 보아도 대략 내용을 떠올릴 수 있다. 머릿속에 무언가 살짝 표시해 놓는 느낌으로 읽으면 좋다. 또 좋은 책은 몇 번이고 반복해서 읽어야 한다. 어른이 되어 읽는 책도 학교 공부와 마찬가지라고 보면 된다.

교과서를 한 번 읽기만 해서는 전혀 머릿속에 들어오지 않는다. 열 번을 읽어도 시험에서 만점을 받기란 극히 어려운 게 사실이다. 최근에는 인터넷의 발달로 대량의 정보를 손쉽게 얻을 수 있다. 하지만 인터넷 정보는 폭이 넓은 대신 깊이가 얕다. 지성을 쌓고 학문을 연마하는 수준이 아니라 어디까지나 정보 수집이나 오락으로 즐길 수 있는 정도에 불과하다. 아무리 이 사회가 인터넷으로 모든 것을 대신한다 해도 책을 읽는 행위를 대신하지는 못할 것이다.

나는 최근 들어 조금 시간이 나서 매일 습관처럼 책을 읽고 있다. 그렇다고 항상 서재에서 느긋하게 책을 읽을 수 있는 것은 아니다. 가방 안에 책을 넣어 두고 사람을 기다리거나 이동할 때마다 바로 책을 꺼내 들고 읽는다. 그렇다면 어떤 책을 읽은 것인가

하는 문제가 남는다. 나는 '인격'을 함양하기 위한 책과 자신의 역량 등 '능력'을 키우기 위한 책을 균형감 있게 골고루 읽고자 한다.

인격을 높이는 책은 인간으로서의 품격을 높이는 것을 말한다. 인생을 어떻게 살아갈 것인가 하는 문제에 천착하는 것으로 평생에 걸쳐 배워야 할 것이다. 나는 특히 조치上智 대학 명예교수였던 와타나베 쇼이치 선생의 글에서 큰 영향을 받았다.

영어 학자인 와타나베 교수는 대학생 때 영국의 예술평론가이자 저술가인 필립 길버트 해머튼Philip Gilbert Hamerton의 《지적 생활의 즐거움》을 읽고 책으로 둘러싸인 삶을 동경하고 그것을 계기로 '지적 생활'을 지향하게 되었다고 한다. 그는 베스트셀러로 큰 반향을 불러일으킨 《지적 생활의 발견》을 비롯해 전문 영어나 언어에 관한 책과 자기계발서를 여러 권 저술했다. 나는 와타나베 교수가 일본의 근현대사에 관해 쓴 일련의 책을 통해 올바른 역사관을 배웠다.

능력을 기를 수 있는 책은 지금 당장 일상생활에 도움이 되는 비즈니스 책이다. 《비저너리 컴퍼니》The Visionary Company 시리즈와 피터 드러커, 화제가 된 경영자 오마에 겐이치大前研一와 저널리스트이자 평론가인 다치바나 다카시立花隆의 저서는 거의 다 읽었다. 비즈니스 책은 '이 책 괜찮은데!' 하는 생각이 들면 그 자리에서 바로 구입한다. 뭔가 탁 와닿는 게 있는 책은 당장 읽지는

못하더라도 어느 순간 갑자기 필요해지거나 문득 읽고 싶을 때
가 있기 때문이다.

　　"좋은 책을 읽는 것은

　　과거의 가장 뛰어난 사람들과

　　대화를 주고받는 일이다."

르네 데카르트*

---

* **르네 데카르트** René Descartes(1596~1650)
프랑스의 철학자이자 수학자, 과학자이며 근대 철학의 아버지로 불린다. 그는 합리론의 대
표주자이며, 자신의 저서 《방법서설》에서 '나는 생각한다. 고로 나는 존재한다'는 계몽사상
의 자율적이고 합리적인 주체의 근본 원리를 처음 확립한 것으로 유명하다.

39 책을 읽고 행동으로 옮기는 사람들

인생은 무척 짧다.
게다가 그중에서 조용한 시간은 참으로 적다.
우리는 시시한 책을 읽느라
그 한 시간을 낭비해서는 안 된다.

존 러스킨

존 러스킨John Ruskin(1819~1900)
화려한 예술 비평가와 험난한 사회사상가의 길을 차례
로 걸었던 19세기 영국의 저명한 지식인이다. 예술을
비롯해 문학, 자연과학, 정치학, 경제학, 사회학 등 다방
면에 관심이 많았으며, 작가이자 화가로서도 많은 작품
을 남겼다. 예술 평단의 일인자로 명성을 떨치던 중 어
두운 사회경제적 모순을 목도하고 불혹의 나이에 사회
사상가로 변모했다.

5년 후 제자리걸음만 하는 사람	온종일 스마트폰을 손에 들고 산다. 인터넷 서핑은 열심히 하지만 책은 읽지 않는다. 마음먹고 책을 들지만 끝까지 읽지 못한다. 내용에 깊이가 없고 가벼운 오락 위주의 책만 읽는다.
5년 후 승승장구하는 사람	항상 책을 가까이 두고 틈틈이 읽는다. 베스트셀러가 아니라 신뢰할 수 있는 저자의 책을 집중적으로 읽는다. 오락적인 내용이 아니라 내면을 탐구할 수 있는 깊이 있는 책을 선택한다.

한 번에 두 마리 토끼를 잡는 법

책 속에 인생의 답이 있다. 책이란 깜깜한 밤길을 걸을 때 등불이 되어 앞으로 나아가야 할 방향을 일러 주는 존재라고 생각한다. 젊은 시절 읽으면 인생을 살아가는 데 힘이 될 몇 권의 책을 권하고 싶다. 자기계발을 위한 고전 중에 고전인 《데일 카네기 인간관계론》과 《데일 카네기 자기관리론》이다.

남에게 보여지는 성공이 아니라 내면의 성공을 이룬 이들의 전기나 자서전도 인생의 참고서로 삼으면 좋을 것이다. 스타벅스

CEO였던 하워드 슐츠, 더바디샵 창업자인 아니타 로딕, 애플의 공동 창업자 스티브 잡스, 파나소닉 창업자인 마쓰시타 고노스케의 전기는 매우 흥미진진해 나도 세상을 위해 큰일을 하고 싶다는 의욕과 용기를 솟구치게 만든다.

우리가 책을 읽는 이유 중 하나는 '얼마나 자신이 무지한가를 아는' 데 있는지도 모른다. 책을 읽으면 읽을수록 더 많이 공부하지 않으면 안 되겠다는 초조감이 드는 동시에 관심 분야나 대상이 점차 넓어지고 독서에 대한 의욕이 한층 뜨거워진다. 또 책을 읽음으로써 지식을 내면으로 흡수하는 인풋과 글쓰기 실력이 향상되는 등 결과로 나타내는 아웃풋을 균형 있게 맞추면 상승작용을 일으키며 양쪽의 질을 모두 높일 수 있다.

아무리 그래도 인풋에 편중되기 쉽지만 의식적으로 일기나 편지를 쓰는 등 아웃풋을 위한 노력을 기울이는 것도 좋다. 나도 책을 많이 읽다 보니 차츰 책 읽는 방법이 바뀌어 가는 것이 느껴진다. 글쓰기를 의식하면 저자가 사용하는 언어에 대한 감수성이 높아진다. 글을 쓰는 훈련을 통해 글을 읽는 능력도 향상된다. 이는 시너지 효과가 틀림없다.

좋은 문장을 쓰기 위해서는 좋은 문장을 많이 읽어야 하는 것은 당연하다. '이거다!' 싶은 문장을 만나면 그 문장을 직접 필사하는 것도 좋은 방법이다. 유명한 저자나 에세이스트, 작사가 중

많은 사람이 수련 시절에 손으로 좋은 글을 옮겨 적었다고 한다.

"작가가 되고 싶으면 무엇을 하든, 이 두 가지를 해야 한다.
책을 많이 읽고 많이 쓰는 것이다."

스티븐 킹*

나는 사장으로 일했던 8년 동안 매니지먼트 레터라는 사장이 직원들에게 보내는 편지를 계속 썼다. 비록 직접 얼굴을 보지는 못하지만 멀리 떨어져 있는 매장 직원들이 '우리 사장님은 무슨 생각을 하고 있을까?', '우리 기업은 어떤 방향으로 나아가는 걸까?' 등 많은 것이 궁금할 거라는 생각에서였다.

더바디샵의 사장 시절에는 매주, 스타벅스의 CEO가 되고 나서는 월 2회 정도를 목표로 매니지먼트 레터를 썼다. 나 역시 처음 쓰기 시작했을 때는 정말 부담이 컸지만 한 번 두 번 쓰다 보니 익숙해지면서 심지어 이 작업이 즐겁기까지 했다. 내가 스타벅스를 그만두고 몇 년 동안 스무 권에 달하는 책을 출간할 수 있었던 것도 그때의 글쓰기가 밑거름이 되지 않았나 싶다. 또 그 당시 고생하며 글을 썼던 것에 대한 포상일 수도 있다는 생각을 한다.

리더로서 큰 기대를 걸고 있는 사람에게서 오자와 탈자가 많은 보고서를 받거나, 직원들에게서 초등학생이 쓴 듯한 형편없는 보고서를 받으면 그야말로 실망스럽기 짝이 없다. 유명 대학을 나왔는데도 맞춤법을 처음부터 다시 배워야 할 만큼 국어 실력이 영 아닌 사람도 있었다.

그런데 상대의 글에서 피터 드러커의 책이나 고전의 한 구절이 보이기라도 하면, '이 사람은 배우기를 게을리하지 않는구나' 하고 단박에 느낀다. 왠지 그런 글을 읽으면 기분이 좋아진다. 그의 지성이 글에서 드러날 수밖에 없다. 글은 곧 그 사람이기 때문이다.

그렇다고 내가 직원들에게서 작가와 같은 수려한 문장력을 기대하는 것은 아니다. 비즈니스 문서는 주제와 요점을 간결하게 쓰는 것이 무엇보다 중요하다. 보고서나 업무와 관련된 문서를 작성하는 기량을 높이려면 좋은 문장을 흉내 내는 것이 가장 좋다. 문학에서는 표절이 되겠지만 비즈니스 문서라면 자꾸 베껴 써야 한다. 배우는 것은 곧 흉내 내는 일이다.

앞에서도 강조했지만, 모든 비즈니스 문서에는 결론을 먼저 써야 한다는 점을 명심하라. 보고를 받는 사람은 당연히 바쁠 수밖에 없다. 시간이 돈인 그들이 가장 궁금해하는 정보를 빨리 전달하는 것이야말로 핵심 사항이다. 거듭 강조하지만 모든 보고서에는 결론부터 써라. 보고서는 문학 작품이 아니니 문장은 짧게 쓰고, 구구절절 쓸데없는 수식어는 삭제하라.

보고서를 쓸 때 필요에 따라 요점을 항목별로 나누면 체계적으로 정리할 수 있다. 제목만 읽고도 내용을 파악할 수 있게 메일을 쓰는 것도 비즈니스의 기본임을 기억해야 할 것이다.

"학문이 있는 사람은 책을 읽고 많은 것을 알고 있는 사람이다. 교양이 있는 사람은 그 시대에 널리 알려져 있는 지식과 매너를 완전히 이해하고 있는 사람이다. 그리고 인품이 있는 사람은 자기 인생의 의의를 충분히 이해하고 있는 사람이다."

레프 톨스토이**

---

* **스티븐 킹**Stephen Edwin King(1947~)
미국의 작가, 극작가, 음악가, 칼럼니스트, 배우, 영화 제작자, 감독 등 다양한 분야에서 활동했다. 호러 소설의 작가로 유명하며 《악몽을 파는 가게》, 《다크타워》 등의 책이 3억 5,000만 부가 넘는 판매 부수를 기록했다. 많은 소설이 영화, 드라마, 만화 등으로 각색되었으며 리처드 바흐만Richard Bachman이라는 필명으로도 많은 책을 썼다.

** **레프 톨스토이**Lev Nikolayevich Tolstoy(1828~1910)
러시아 문학을 대표하는 대문호 톨스토이는 도스토옙스키와 함께 19세기 러시아 사실주의 문학의 정점이자 혁명의 거울, 위대한 사상가로 여겨지는 인물이다. 그는 러시아 문학과 정치에 지대한 영향을 끼쳤다. 《전쟁과 평화》, 《부활》, 《안나 카레니나》가 대표 작품이다.

40 사소한 습관 하나로 인생을 바꾼다

생각의 씨를 뿌려 행동을 거두어 들이고
행동의 씨를 뿌려 습관을 거두어 들인다.
습관의 씨를 뿌려 인격을 거두어 들이고
인격의 씨를 뿌려 인생을 거두어 들인다.

새뮤얼 스마일스

새뮤얼 스마일스 Samuel Smiles(1812~1904)
스코틀랜드 출신의 작가이자 사회 개량가이다. 전공은
의학. 경제와는 특별한 접점이 없지만 경제의 흐름과
노동의 가치관에 누구보다 많은 영향을 끼쳤다. '하늘은
스스로 돕는 자를 돕는다'는 문장으로 시작되는 《자조
론》Self-Help은 성공학의 고전으로 꼽힌다.

5년 후 제자리걸음만 하는 사람	좋은 습관을 들이지 못하고 언제나 작심삼일로 끝난다. 절제 없고 불규칙한 생활을 한다. 폭음과 폭식을 일삼으며 늦게 자고 늦게 일어나는 등 건강에 해롭다는 것을 알면서도 나쁜 습관을 버리지 못한다.
5년 후 승승장구하는 사람	자신이 해야 하는 일을 피하지 않는다. 일찍 자고 일찍 일어나는 등 규칙적인 생활을 하며 매일 정해진 시간에 자아를 실현하기 위한 공부를 한다. 적당한 운동과 기분 전환을 위한 산책도 규칙적으로 즐긴다.

좋은 습관을 지속하면 인생이 풍요로워진다

우리 인생의 40퍼센트는 습관이 차지한다고 한다. 한마디로 우리의 인생은 습관이 엮어 가는 긴 여로와 같다. 얼마나 좋은 습관을 들이느냐에 따라 인생의 질이 눈에 띄게 달라진다. 그런데 습관이라는 게 한번 몸에 배면 나쁜 습관을 고치기란 정말 어렵다. 그렇다고 좋은 습관을 지속하는 게 쉽냐 하면 그것 또한 자신과의 싸움이라 할 만큼 무척 어렵다.

"우리의 삶은 습관이 모여 이루어진다."

윌리엄 제임스*

좋은 습관을 지속하려면 무엇보다 '의지의 힘'이 중요하다. 나쁜 습관을 끊으려 할 때도 사소한 장애물에 부딪쳐 금주나 금연의 의지가 꺾이는 경우와 같을 것이다. 이런 면에서 보면 정말로 인간은 나약한 존재가 분명하다.

알코올 의존증인 사람이 어렵사리 금주를 하다가도 뭔가 괴로운 일이 생기면 다시 술에 의지하게 되어 원점으로 돌아오는 일도 허다하다. 이렇게 자신의 의지만으로 어려울 경우에는 같은 목적을 가진 사람들의 모임에 들어가는 것도 좋은 선택이 될 것이다. 같은 목적을 가지고 서로 격려해 줄 수 있는 동지가 있으면 나쁜 습관으로 돌아가지 않고 버티는 힘을 얻을 수 있다.

좋은 습관도 혼자보다는 가족이나 같은 목적으로 모인 사람들과 서로 격려하면서 지속하면 좋다. 단순히 주변 사람들에게 자신의 계획을 선언하기만 해도 도움이 될 수 있으니 혼자 하려고 들지 말자. 자신이 좋은 변화를 추구하고자 한다면 뜻을 같이하는 사람 말고도 의지할 만한 책이 있으면 좋을 것이다. 결심이 흔들릴 때마다 책을 읽는다면 마음을 다잡을 수 있다. 또한 사람은 바뀔 수 있다고 믿는다면, '바뀔 수 있다고 믿는' 습관을 들여라.

그러면 변화가 현실로 나타날 것이다. 이것이 바로 긍정적인 생각의 힘이다.

매일매일 좋은 습관을 쌓아 가는 것이야말로 풍요롭고 알찬 인생을 엮어 나가는 비결이다. 나쁜 습관은 당장 잘라 내고 좋은 습관을 꾸준히 유지하면 멋지고 풍요로운 인생을 보낼 수 있을 것이다.

> "처음에는 사람이 습관을 만들지만,
> 나중에는 습관이 사람을 만든다."
>
> 존 드라이든[**]

인생에서 이렇게 착실하고 꾸준하게 좋은 습관을 지켜 나가는 능력이야말로 다른 무엇보다 가장 중요하고 가치 있다. 이러한 능력을 갈고닦기 위해서는 작은 성공을 끊임없이 경험하는 것이 큰 도움이 된다.

> "꾸준히 계속하기는 어렵지만,
> 꾸준히 계속한 일만이 자신감으로 이어진다."
>
> 고야마 스스무[***]

사소한 습관을 지속하다 보면 자신을 믿는 힘, 즉 자신감이 조금씩 싹튼다. 좋은 일을 습관화하기 위해서는 강한 의지가 필요하지만, 일단 습관처럼 익히고 나면 저절로 행동으로 나오게 된다. 그러면 의지는 필요 없어질 것이다.

* **윌리엄 제임스** William James(1842~1910)
프래그머티즘 철학의 확립자로 알려졌으며 철학, 종교학, 심리학 등에 뛰어난 연구 실적을 남겼다. 미국에서 태어났지만 1855년부터 1860년까지 유럽의 학교에서 교육을 받았으며 1861년 하버드 대학에 입학해 화학을 전공했다. 졸업 후 하버드 메디컬 스쿨에 진학해 의무박사(M.D.) 학위를 받고 하버드 대학의 심리학 교수로 재직했다.

** **존 드라이든** John Dryden(1631~1700)
영국의 시인이자 극작가, 비평가이다. 케임브리지 대학에서 수학해 왕정복고기의 대표적 문인이 되었다. 비평가로서는 당시 프랑스 고전주의 이론의 영향을 다분히 받았다. 그의 셰익스피어 비평은 100년 동안 셰익스피어 비평의 기초가 되었고 새뮤얼 존슨에 의해 '영국 비평의 아버지'로 불리고 있다.

*** **고야마 스스무** 小山進(1964~)
교토 출생으로 프랑스 최고 권위의 상을 다수 수상한 과자와 초콜릿 장인이다. 2003년에 효고 현 산다三田 시에 전문 베이커리 '파티시에 에스 고야마'를 오픈했다.

결국 성공하는
사람들의
사소한 차이

결국 성공하는 사람들의 인격과 품격의 차이

제5장

41 눈앞의 이익보다 더 중요한 것

사람들을 이끄는 자는 능력과 인품,
이 두 가지를 함께 갖추는 것이 가장 바람직하다.
하지만 능력과 인품을 모두 겸비하기가 어려울 경우
능력과 인품 중 하나만 선택해야 한다면
망설이지 말고 인품을 갖춘 사람이 되어라.

이항

이항李沆(947~1004)
중국 북송 시대((960~1127)의 정치가로 태종과 진종을
섬기며 조언을 서슴지 않았다. 태종은 그를 "품격 있고
단정하며 장중한 사람이다. 명백하게 존귀한 사람이
다."라고 칭할 정도로 큰 신임을 받았다.

5년 후 제자리걸음만 하는 사람	지위와 부를 사람의 평가 기준으로 여기며 학벌과 인맥이 좋은 사람이 성공한다고 믿는다. 인품이 훌륭한 사람이 되고자 하는 마음이 없다.
5년 후 승승장구하는 사람	능력과 인품을 균형 있게 향상시키려고 노력한다. 특히 훌륭한 품성을 갖추기 위해 의도적으로 인품을 연마할 수 있는 책을 읽는다. 끊임없이 자신을 성찰하고 수양을 게을리하지 않는다.

기술이나 능력보다 인품을 길러
사람의 마음을 움직인다

'이 일을 하면 어떤 이득이 생길까?' '이런 일을 하면 힘들기만 하고 돈은 별로 안되겠지?' 어떤 일을 시작하기 전에 이런 생각을 해본 적이 있는가? 젊었을 때는 어떤 일을 시작해도 당장 이득이 될지, 손해가 될지를 우선적으로 생각한다. 그렇게 행동하는 것이 어찌 보면 당연하고 이해하지 못하는 것도 아니다.

하지만 눈앞의 이해득실을 따지기보다 좋은 품성을 키우는 데 노력을 쏟았으면 한다. 또 하나, 전문 기술이나 업무 능력을 제대로 익혀 자기만의 무기를 만드는 노력도 정말 중요하다. 흔히 "사람은 참 좋은데 일에서는 좀 아쉬워." 하는 말은 결코 칭찬이 아니다. 일을 잘하려면 무엇보다 기술이나 능력이 뛰어나야 한다.

그런데 직위가 올라갈수록 기술이나 능력보다는 인품이 중요해진다. 직급이 높아질수록 자신이 업무를 직접 하기보다 사람들을 움직여서 업무를 처리하는 경우가 많아지며 부하 직원을 다루는 데는 기술이나 능력이 아니라 인품이 좌우하기 때문이다.

"사람에게 가장 중요한 노력은
자신의 행동에서 도덕을 추구해 나가는 일이다."

알버트 아인슈타인

에도막부 말기, 시대의 영웅으로 추앙받는 사카모토 료마도 젊었을 때는 에도江戶의 검술 도장을 이끄는 검술가로 유명했다. 검술을 통해 가쓰라코 고로* 등 막부 말기의 여러 인물들과 어울리며 견문을 넓혔고 그러면서 '일본은 어떤 모습이어야 하는가?'에 온통 관심이 쏠려 있었다. 사카모토는 선진 기술의 도입과 만국공법**萬國公法의 중요성을 강조했다.

메이지유신의 원동력이 된 사카모토의 열망은 서로 대립 관계였던 조슈 번長州藩과 사쓰마 번薩摩藩의 동맹이 이끌었고 더 나아가 이후 막부와 번의 통일을 성사시켜 근대국가로 나아갈 수 있는 발판을 마련하였다. '일본을 변화시키고 싶다'는 그의 순수하고 강렬한 열망이 사람들의 마음을 움직였고 결국 역사에 길이 남는 변화를 완성한 것이다.

그렇다면 어떻게 해야 인품과 덕망을 갈고닦을 수 있을까? 세상을 바꿀 만한 큰일을 생각할 필요가 전혀 없다. 타인을 의식하지 않고 좋은 일을 하면 된다. 길에 떨어진 휴지를 줍고 물이 튀어 지저분해진 세면대를 깨끗이 닦는 일, 노인에게 자리를 양보하는 일 등 일상의 소소한 행동으로도 인품을 쌓아 갈 수 있다.

그리고 매일 정신수양에 도움이 되는 책을 읽으면 된다. 나도 20대 후반에 야스오카 마사히로 선생을 통해 양명학의 동양사상을 접하기 시작해 《논어》論語, 《언지사록》***言志四錄, 《사기》史記 등 예부터 전해지는 고전을 읽기 시작했다. 마음의 수양을 닦기 위한 노력을 지속하다 보면 몇 백 년의 세월을 겪어 내고 살아남은 고전에 절로 눈이 돌아간다.

고전은 처음에 읽을 때는 무척 어렵다. 이럴 때는 쉽게 설명되어 있는 해설본부터 읽는 방법도 좋다. 젊었을 때부터 능력을 향상시키는 책과 함께 인간으로서 어떻게 살아가야 할지를 고뇌할 수 있는 교양 도서를 병행해서 읽는 것이 반드시 필요하다. 양쪽을 균형 있게 추구하는 것이 바람직하다.

"공적을 세운 자에게는 녹봉을 내려 상을 주고 치하하는 것
이 좋다. '덕망이 높은 사람에게는 관직과 지위를 올려 주고
공적이 많은 자에게는 포상을 두둑하게 하라'는 뜻이다. 인
품에 걸맞은 관직을 주어 적절히 임명하고 공적에 합당한
포상을 내려라."

사이고 다카모리****

* **가쓰라코 고로**桂小五郎(1833~1877)
일본의 무사이자 정치가로 메이지유신을 성공시킨 유신 삼걸 중 한 명이다. 후에 기도 다카
요시木戸孝允로 개명했다.

** **만국공법**萬國公法
미국의 법학자 휘튼Henry Wheaton(1785~1848)의 국제법 저서 《Elements of intenational
law》를 중국에서 활동하던 미국인 선교사 윌리엄 마틴William A. P. Martin(1827~1916)이 한
역해 출판한 국제법 서적이다. 우리나라에는 조선 후기에 들어왔고 1881년부터 일본에서
'국제법'이라는 명칭으로 사용하기 시작했다.

*** **언지사록**言志四錄
에도 시대의 유학자 사토 잇사이(1772~1859)가 생의 후반 40여 년에 걸쳐 기록한 어록이다.
'지도자를 위한 바이블'로 불리며 오늘날까지 읽히고 있다.

**** **사이고 다카모리**西鄕隆盛(1827~1877)
도쿠가와 바쿠후를 전복시킨 메이지유신의 지도자로 용기, 관용, 뛰어난 검술 등 사무라이
가 지녀야 할 덕목을 두루 갖춘 인기 있는 인물이었다. 왕정복고에 참가해 큰 공을 세웠다.

42 돈과 성공 전에 사람이 먼저다

사람에게 예의범절이 있는 것은
강에 둑이 있는 것과 같다.
둑이 강물의 범람을 막아주듯이
사람에게 예절이 갖춰져 있으면
불상사를 막을 수 있다.

가이바라 에키겐

가이바라 에키겐貝原益軒(1630~1714)
일본의 유학자로 본명은 아쓰노부篤信이다. 모든 계층
의 사람이 이해할 수 있도록 유교사상을 쉽게 풀이하였
으며 일본 최초로 유교 윤리를 여성, 어린이, 하층 민중
에게 심어 주었다. 원래는 의학을 공부했으나 의사직을
그만두고 주자학을 공부했으며 일본 식물학의 아버지
라고도 불린다. 약 100권의 철학 서적을 저술했는데 사
회의 계층 구조에 관한 주자학의 개념을 강조했다.

인간으로서의 기본적인 예의가 없다. 자기보다 강한 사람에게는 비굴하게 행동하고 때로는 지나치게 허물없이 대한다. 다른 사람을 불쾌하게 만들고도 전혀 알지 못한다.

예의범절을 지키고 아무리 친해도 일정 선을 넘지 않는다. 아랫사람들한테도 존중하는 마음으로 대한다. 상대의 사소한 부분까지도 신경 써서 배려한다. 인품이 훌륭하다는 평판을 듣는다.

인사를 할 때는 자신의 마음부터 열어야 한다

우리가 사회생활을 하는 데 있어 기본적인 예의범절은 매우 중요하다. 특히 경어를 가려 쓰지 못하거나 말투가 공손하지 않으면 그 사람의 인격까지 의심하게 된다. 서구 사회에서는 기본적으로 사람을 스스럼없이 대하지만, 상류 계급에서는 격식을 갖춘 그들만의 언어 예절이 있다. 영국 같은 나라에서는 말의 억양으로 출신 계급까지 알 수 있다.

또한 식사 예절에서는 자신이 성장한 환경이 드러나므로 각별히 조심해야 한다. 젓가락을 제대로 쥐지 못한다거나 식사하면서 식탁 위에 팔꿈치를 올려놓는다든가, 쩝쩝 소리를 내며 먹는 행동(나도 항상 아내에게 주의를 듣는다) 등 기본적인 예절을 제대로 익히지 못하고 습관이 되면 성인이 되어서도 좀처럼 고치기가 어렵다. 생각해 보면 정말 무서운 일이다. 어릴 때의 예절 교육은 그래서 중요할 것이다.

"우리가 모두 사소한 예의범절에 신경 쓴다면
이 인생은 훨씬 살기 편해질 것이다."

찰리 채플린*

그런데 예의범절 중에서 인사는 기본 중에 기본이다. 일의 규모나 중요도와 상관없이 어떤 일도 인사에서 시작된다고 해도 과언이 아니다. 인사라는 일본어 한자에는 원래 '마음을 열고 상대에게 다가간다'는 뜻이 있다고 한다. 양명학자인 야스오카 마사히로는 인사를 다음과 같이 정의했다.

"인사挨拶라는 단어에서 挨도 拶도 모두 딱 맞닥뜨리고 마주 스친다는 의미를 갖는다. 더불어 인사를 건넬 때는 상대의 아픈 부분까지도 보듬어 주고 감싸 안아야 한다. 그것이 진정한 의미의 인사다."

야스오카 마사히로

이 정도의 의식을 가지고 제대로 인사를 해야 할 것이다. 또 사람을 대할 때는 억양이나 말투에 주의를 기울여 장소와 상대에게 맞는 적절한 인사를 건네야 한다. '커뮤니케이션은 자신을 비추는 거울'이라고 한다. 잠깐 대화를 나눈 다음 상대에게 '이 사람은 왠지 정이 안 가는 것 같아' 하고 느꼈다면 혹시 상대도 당신한테 비슷한 느낌을 받았을지도 모른다.

그렇다면 자신의 마음을 먼저 여는 것이 중요하다. 자신부터 마음을 열어야 상대의 마음도 열리기 때문이다. 인사를 할 때는 정중하게 하라. 언제나 나 자신부터 먼저 하라. 그렇지만 인사에도 센스가 있어야 한다. 센스 있는 인사말을 건네려면 먼저 상대에게 관심을 갖고, 사소한 변화도 놓치지 않아야 한다.

"머리 모양이 달라졌네?", "그 가방 정말 예쁜걸!", "아이가 아프다더니 좀 어때요?" 하고 상대에게 관심을 갖고 잘 관찰해야만 정겨운 인사를 건넬 수 있다.

"사랑의 반대는 미움이 아니다. 무관심이다."

엘리 비젤**

거만하고 으스대는 리더에게는 아무도 마음을 열지 않는다. 그런 상사는 대체로 부하의 기분이나 감정, 조직의 분위기를 제대로 파악하지 못한다. 사람은 친근하게 행동하는 사람에게 다가오기 마련이고, 그래야만 이런저런 정보도 들을 수 있다. 직원들끼리 점심시간에 나누는 소소한 대화까지도 리더의 귀에 들어오게 하려면 아랫사람한테도 격의 없이 소탈하게 대해야 할 것이다.

나도 컨설팅 회사에서 퇴직할 때 여직원에게서 이런 말을 들었다. "이와타 씨는 가장 서민적인 컨설턴트였어요." 요컨대 친근하고 평범한 아저씨였다는 뜻이다. 나는 이 말이 칭찬이 틀림없다고 멋대로 해석했다.

* **찰리 채플린**Charles Spencer Chaplin(1889~1977)
영국 태생으로 미국에서 활동한 무성영화 시대의 최고 희극배우다. 그는 '리틀 트램프' 캐릭터를 통해 전 세계 역사상 가장 중요한 아이콘이 되었다. 〈사랑의 20분〉Twenty Minutes of Love으로 감독 데뷔를 한 후 〈황금광 시대〉, 〈모던타임스〉, 〈위대한 독재자〉 등의 걸작을 남겼다. 1972년 아카데미 특별상을 수상했다.

** **엘리 비젤**Elie Wiesel(1928~2016)
루마니아계 유대인으로 15세 때 아우슈비츠 수용소에 끌려갔다. 1년 뒤 독일이 패전해 풀려났지만 수용소에서 부모를 잃었다. 프랑스로 가 소르본 대학을 졸업한 뒤 회고록 〈나이트〉Night를 출간하고 강연 등을 통해 홀로코스트의 참상을 전 세계에 알렸다. 1986년 노벨 평화상을 수상하는 연설에서 "침묵은 악인들에게 힘을 준다."고 말했다.

43 운 좋은 사람들의 특급 비밀

아무 관련 없이 우연히 생기는 행운은 없다.
차곡차곡 쌓아 온 노력과
자신에게 힘을 북돋워 주는 사람들의 기대에
부응하려는 마음이 자신도 모르는 사이
중요한 순간에 가장 좋은 한 수로 '강한 운'을
이끌어 내는 것이 아닐까.

다니가와 고지

다니가와 고지谷川浩司(1962~)
2012년부터 2017년까지 일본장기연맹 회장을 역임했
으며 집중력을 통제하는 능력이 뛰어난 장기 프로 기사
로 알려져 있다.

<table>
<tr><td>5년 후
제자리걸음만
하는 사람</td><td>자신에게는 운이 없다며 불평불만한다. 도전하고자 하는 의욕이 없고 쉽게 포기한다. 무언가 시작하면 막연히 잘될 거라 생각하고 최선을 다해 노력하지 않는다. 성공한 사람을 보면 운이 좋았을 뿐이라며 시기한다.</td></tr>
<tr><td>5년 후
승승장구하는
사람</td><td>노력하면 분명 잘될 거라며 긍정적으로 사고한다. 자신의 성공을 확신하며 보이지 않는 큰 힘이 자신을 지켜 준다고 생각한다. 실수하고 난관에 부닥쳐도 포기하지 않고 노력한다.</td></tr>
</table>

자신을 믿는 마음이 강한 운으로 이어진다

러일전쟁 중 쓰시마 해전에서 러시아 발틱 함대를 기적적으로 격파한 도고 헤이하치로 해군대장에게는 이런 일화가 있다.

해전 중 도고 헤이하치로가 서 있던 함교에는 구두 자국이 또렷이 남아 있었다. 탄환이 빗발치고 아무리 세찬 물보라가 들이닥쳐도 도고 대장은 단 1센티미터도 움직이지 않았다. 포탄이 거칠게 쏟아지는 군함 한가운데 대장이 미동도 하지 않은 채 있으니 부하들은 얼마나 마음이 든든했겠는가.

어떠한 역경이 닥쳐도 부하들 앞에서 '아무 걱정도 하지 마라' 하는 의연한 자세를 보여주는 것이 리더의 책무다. 리더는 항상 주변 사람들이 자신을 보고 있다는 사실을 인지하고 있어야 한다. 심지어 화장실에서 볼일을 볼 때조차도 남들에게 보일 수 있다는 사실을 잊어서는 안 된다.

"리더의 행동, 태도, 자세는 그것이 선이든 악이든 자기 한 사람에 머물지 않는다. 조직 전체에 들불처럼 번진다는 사실을 가슴에 새겨야 한다. 조직, 그것은 리더를 비추는 거울이다."

이나모리 가즈오*

애초에 한직에 있었던 도고 해군대장이 왜 연합함대의 사령관으로 발탁되었을까? 메이지 일왕이 "왜 도고를 뽑았는가?" 하고 묻자 야마모토 곤베山本権兵衛 해군대신은 "도고는 운이 좋은 남자이기 때문입니다." 하고 대답했다고 한다.

함교에 구두 자국이 남아 있었다는 말은 도고 해군대장이 절대로 자신은 총알에 맞지 않을 거라는 운명을 믿고 있었음이 틀림없다. 실제로 도고 해군대장은 그러한 호탕함과 세심함까지 모두 갖추고 있었다. 부하에게 적의 함대가 전멸했다는 보고를 받아도 자신의 눈으로 확인하기 전까지는 절대 적함의 수색을 멈추지 않았다. 수없이 수색을 거듭한 끝에 비로소 "전멸한 것 같군요."라고 나지막하게 한마디했다고 한다.

경영의 신으로 불리는 마쓰시타 고노스케는 채용 면접 때 "자네는 운이 좋은가?" 하고 질문한다. 상대가 운이 좋다고 대답한 사람만 채용했다고 한다. 자신은 행운이 있다고 생각하는 사람은 실제로도 운이 좋아진다. 운을 좋게 하기 위해 가장 필요한 요소는 자신을 믿는 마음이다. 나는 할 수 있다, 내게는 충분한 능력이 있다, 나는 운이 좋다, 큰 힘이 나를 지켜 주고 있다는 말을 하면 상대가 의아해할지도 모른다. 하지만 자기 마음속에서는 언제나 그러한 믿음을 갖고 있어야 한다.

자신은 운이 좋다고 믿는 밝은 사람, 매사에 긍정적인 사람을 친구로 사귀면 자신까지도 운이 좋아진다. 그런 사람이 모인 무리에 자신이 섞이는 것도 좋다. 뜨거운 열정을 지닌 사람들과 함께 있으면 자신에게도 그 열기가 전해져 "좋았어!" 하고 긍정적인 기분이 되고 힘이 솟아난다. 아마 누구나 이런 경험을 했을 것이다.

하지만 아무런 노력도 하지 않고 막연히 '할 수 있다'는 생각만 해서는 절대 잘될 수 없다. 또 나는 할 수 있다는 자신에 대한 믿음이 있어야만 꾸준히 목표를 향해 나아갈 수 있는 힘을 얻는다.

포기한다는 말은 자신이 해야 할 일을 분명히 알고, 다른 것을 그만둔다고 판단할 때 사용해야 한다. 다시 말해 포기는 내가 '원래 해야 할 일이 아닌 것을 가려 내는 일'이다. 세상의 모든 것을 가질 수는 없다. 이것저것 욕심을 낼 게 아니라 어느 하나에만 집중해야 운도 따라오는 법이다.

"운이 좋은 사람은 강한 신념을 유지하고, 많은 희생을 치르며 끈기 있는 노력을 계속하는 사람이다."

제임스 앨런

---

* **이나모리 가즈오** 稻盛和夫(1932~)
교세라, 다이니덴덴(현 KDDI)의 창업주이며, 일본항공 회장을 역임했다. 가고시마 대학 공학부를 졸업하고 쇼후공업에 입사한 후 1959년에 교세라를, 1984년 다이니덴덴을 설립했다. 2010년 일본항공이 파산하자 단 세 명만 데리고 투입되어 13개월 만에 흑자로 전환시켰으며, 2012년 3월에는 역대 최고액을 경신했다.

44 리더와 직원의 가장 큰 차이

스피드는 아주 중요하다.
경쟁력에 없어서는 안 될 요소다.
스피드가 있으면 기업도, 직원도
언제까지나 젊음을 유지할 수 있다.

잭 웰치

잭 웰치 Jack Welch(1935~)
제너럴 일렉트릭 사의 회장과 최고 경영자를 역임했으
며, 1999년 《포춘》에서 '20세기 최고의 경영자'로 선정
되었고 '전설적인 경영자'로 불리고 있다. 대규모 정리
해고를 통한 자본력 구조 조정과 기업의 인수 합병 및
국제화 추진을 주장했으며 '세계 1위나 2위가 될 수 없
는 사업은 철수한다'는 경영 방식으로 제너럴 일렉트릭
을 이끌었다.

5년 후 제자리걸음만 하는 사람	기한 내에 일을 끝내고자 하는 의지가 부족하다. 일을 질질 끌면서 "바빠 죽겠어!"를 입에 달고 산다. 정작 일할 때는 설렁설렁 놀면서 일하는 시늉만 한다. 업무를 처리하는 과정에서 실수를 자주 한다.
5년 후 승승장구하는 사람	시간이 가장 귀중한 자원이라는 사실을 깊이 인식한다. 어떤 일도 매끄럽게 처리하고 눈앞에 있는 업무는 그때그때 처리하는 책임감이 뛰어나다. 어떤 일을 맡겨도 신뢰할 수 있으며 끝까지 완수한다.

시간은 되돌릴 수 없다. 지금 당장 행동하라

돈은 내가 버는 게 아니라 남이 벌어 준다는 말이 있다. 리더의 역할은 자신이 직접 모든 일을 하는 게 아니라 다른 사람이 그 일을 제대로 해낼 수 있도록 이끄는 데 있다. 그런데 리더가 입으로만 지시하고 교통정리를 한다고 해서 사람들을 일하게 할 수는 없다. 리더는 사람들에게 지시하기 전에 먼저 자신이 솔선수범을 보여야 한다.

가령 청소가 안 되어 있으면, 담당 직원을 문책하고 다시 청소를 시키기 전에 자신이 직접 청소하는 모습을 보여야 한다. 직원들한테 성실하게 일하라고 말하기 전에 자신이 먼저 성실하게 일해야 한다. 그러려면 강한 의지가 필요하다. 훌륭한 리더는 강한 의지력으로 일을 미루지 않는다. 결심했으면 민첩하게 행동으로 옮긴다는 말이다. 쉽게 말해 오늘 할 수 있는 일을 내일로 미루지 않는다.

나의 경험으로 성공한 경영자와 일반인의 차이를 가장 크게 느낄 수 있었던 것은 행동력이었다. 경영자는 '좋은 제안이군!' 하고 생각한 순간 '당장 내일부터 하자!' 하고 지시한다. 많은 사람이 이런 리더의 빠른 결단력과 행동력에 놀라워한다. 대부분 아무리 좋은 의견이라도 다음 달 내지는 다음 분기부터 실행해야지 하고 생각하기 때문이다.

하지만 그것이 꼭 필요한 일이라면 당장 실행하는 것이 좋다. 경영자는 내일 당장 실행하지 못할 이유가 없다면, 내일부터 실행하자고 마음먹는다. 속마음 같아서는 내일이 아니라 '지금 당장 실행하지요' 하고 싶을 것이다. 하지만 인간은 나약한 존재다. 항상 기력이 넘치는 것은 아니기에 자신도 모르는 사이에 나태해지기도 한다. 그래서 정신이 해이해지지 않기 위해 스스로 규칙을 정할 필요가 있다.

나는 어릴 때부터 '10초 규칙'을 정해 놓았다. 가령 추운 겨울 아침에는 따뜻한 이불 속에서 좀처럼 나오기가 힘들다. 공부를 해야 하는데 텔레비전을 끄기가 쉽지 않다. 그럴 때 10초 규칙을 정했다. 10, 9, 8, 7…… 하고 수를 세다가 0이 되면 이불을 박차고 일어난다. 혹은 텔레비전을 끄고 책상으로 간다. 숫자는 몇까지 세든 상관없다. 자신의 의욕 스위치를 전환할 수 있는 나름의 방법을 정하면 된다.

아무리 그래도 사람의 마음이란 게 10부터 거꾸로 세다 3 정도에 이르면 다시 10으로 돌아가고 싶다. 하지만 그 유혹을 꾹 참아 내야 한다. 기본적으로 무슨 일이든 당장 한다는 습관을 들여라. 나는 메일을 받으면 그 자리에서 답신하는 것을 원칙으로 삼고 있다. 거래처나 담당자들이 24시간 내내 컴퓨터 앞에 앉아 있는 게 아니냐고 할 만큼 회신이 빠르다.

그렇게 하지 않으면 금세 잊어버리기 때문이다. 나중에 회신해야지 하고 미루다가 잊어버리면 수습하는 데 시간이 더 걸린다. 그래서 바로바로 처리하는 습관을 들여 일을 쌓아 놓지 않으려 한다. 질문에 대해 대답할 시간이 필요한 경우라면 최소한 메일을 잘 받았다는 내용만이라도 바로 회신해서 상대를 안심시킨다. 메일뿐만이 아니라 가능한 한 내 쪽에서 일을 쥐고 있지 않으려 한다.

현재 진행 중인 일에 대해 안건이 생기면 대답이나 지시 내용을 바로 상대에게 전한다. 내가 쥐고 있어 봐야 아무 진척도 안 되는 일을 상대에게 넘기면, 내가 다른 일을 하는 동안 그 일이 진척되기 때문이다. 이런 생각과 습관이 일을 할 때 스피드를 높여 준다. 지금까지의 경험으로 시간이 가장 희소한 자원이라는 사실을 뼛속 깊이 느끼고 있다.

사소한 행동 하나에서도 시간을 절약해야 한다는 의식을 갖고 있다. 엘리베이터를 타면 내리는 층의 버튼을 누르기 전에 '닫힘' 버튼을 먼저 누른다. 누군가와 만나는 약속을 하면 항상 책을 챙겨 가져간다. 아주 짧은 시간이라도 허투루 보내고 싶지 않아서다.

"내일 어떻게든 되겠지 하고 생각하면 바보다. 오늘조차 너무 늦은 것이다. 현명한 자는 이미 어제 끝냈다."

찰즈 호튼 쿨리*

요즘 젊은 친구들이 자주 하는 말이 있다. 간혹 우스갯소리로 하는지는 몰라도 '내일 할 수 있는 일은 내일 하자'는 말이다. 이런 말에 아무 생각 없이 수긍하는 사람도 있을지 모르지만, 그런 사고방식으로 성공한 사람은 없다.

"내일도 피어 있을 거라 여기는 벚꽃도

한밤중에 세찬 바람이 불어와 다 지고 말지도 모른다."

신란**

일을 잘하는 사람은 지금 당장 행동하는 품성을 지니고 있다.
오늘조차 너무 늦을 수도 있기 때문이다.

---

* **찰스 호튼 쿨리**Charles Horton Cooley(1864~1929)
미국 미시간 대학에서 사회학을 가르쳤으며 사회를 이해하는 데 있어 사회심리학적 접근법
을 적용했다. 조사나 연구보다 이론에 중점을 두었으며, 사회 현실이란 자연현상과는 질적으
로 차이가 나기 때문에 측정하기가 어렵다고 주장했다. 저서로 《인간성과 사회 질서》Human
Nature and the Social Order, 《사회 조직론》Social Organization, 《사회 과정》Social Process이 있다.

** **신란**親鸞(1173~1262)
가마쿠라 시대에 활동한 승려로 스스로 깨달음을 얻을 능력을 타고난 사람들이 아닌 무지
몽매한 중생을 구제하는 데 관심을 갖고 정토진종淨土眞宗을 창시했다. 정토진종은 오늘날
일본에서 가장 큰 불교 종파이다. 그의 문집 《교교신쇼》敎行信証는 행동과 깨달음 사이에 신
앙을 개입시킴으로써 불교 철학에 독창적인 기여를 했다.

45 말이 아닌 행동으로 증명한다

괴로울 때는 내 등을 보라.

사와 호마레

사와 호마레澤穗希(1978~)
1991년 일본 여자 축구 리그 소속 클럽인 요미우리 벨레자에 입단하면서 데뷔했으며 15세 때 일본 여자 축구 대표팀에 발탁되었다. 1993년 열린 필리핀과의 경기를 시작으로 뛰어난 기량을 선보이다 2015년 현역 은퇴를 선언했다.

<table>
<tr><td>5년 후
제자리걸음만
하는 사람</td><td>말만 앞설 뿐 행동이 따르지 않아 신뢰를 받지 못한다. 다른 사람한테는 매우 엄격하지만 자신에게는 한없이 관대하다. 자신의 업무에 관심이 없으며 열정도 없다.</td></tr>
<tr><td>5년 후
승승장구하는
사람</td><td>자신이 말한 것은 반드시 실천한다. 항상 노력하는 모습으로 주변에서도 인정하고 따른다. 주어진 업무에 책임감을 갖고 묵묵히 끝까지 해낸다. 만족할 만한 결과가 나올 때까지 근면하게 노력한다.</td></tr>
</table>

누구나 사람을 움직이는 리더를 따른다

많은 사람들이 '리더'에 대한 견해를 피력했는데 피터 드러커는 리더를 이렇게 정의했다.

> "리더에 관한 유일한 정의는 따르는 자가 있어야 한다는 것이다."

피터 드러커

어떤 고등학교에서는 리더를 이렇게 정의하기도 했다.

리더의 정의는 반드시 최고 자리에 있는 사람이 아니다. 조직이 어떠해야 하는지를 생각하고 조직의 개선을 위해 노력하는 사람이다.

나는 '리더는 다른 사람에게 영향을 미치는 사람'이라는 정의가 가장 마음에 든다. 소니의 공동 창업자인 이부카 마사루가 강연회에서 이런 말을 자주 했다고 한다.

소니에서 사장으로 일하던 시절의 일입니다. 가나가와神奈川현 아쓰기厚木 시에 최첨단 설비를 갖춘 공장이 완성되자 세계 곳곳에서 많은 사람이 견학을 하러 왔습니다. 그런데 가장 큰 골칫거리는 화장실에 있는 낙서였어요. 공장장에게 회사의 수치이니 낙서를 절대 금지하라는 지시를 내렸고, 공장장도 철저하게 공지를 했습니다. 그런데도 낙서는 근절되지 않았어요.

나중에는 '낙서하지 마'라는 낙서까지 나오는 걸 보고 저도 어쩔 수 없다고 포기했습니다. 그런데 얼마 후 공장장이 "낙서가 없어졌습니다." 하고 보고하는 게 아니겠어요. 저는 어떻게 된 일인지 물었습니다.

"실은 시간제로 화장실을 청소하러 오는 아주머니가 자그마한 나무판 몇 개에 '낙서하지 말아 주십시오. 여기는 저의 신성한 직장입니다'라고 적어서 화장실에 걸어 두었답니다. 그랬더니 신기하게도 낙서가 뚝 끊겼습니다."

이 낙서 문제를 해결하는 데 저나 공장장도 리더십을 발휘하지 못했습니다. 시간제 아주머니에게 진 거지요. 저는 그때까지 리더십은 위에서 아래로 향하는 지도력 내지는 통솔력이라고 생각했습니다. 하지만 그것이 사실은 잘못된 생각이라는 걸 알게 되었어요. 그다음부터 저는 리더십을 '영향력'이라고 말합니다.

무척이나 의미심장한 이야기가 아닐 수 없다. 사람의 마음을 움직이고 행동에 변화를 일으킨 것은 지위나 권력이 아니라 청소 아주머니의 일에 대한 진지한 자세였던 것이다. 사람들에게 영향력을 미치는 리더, 사람을 움직이는 리더라면 누구나 따른다는 사실을 가르쳐 주고 있다. 지금처럼 인터넷의 발달로 정보를 손쉽게 얻을 수 있는 시대에는 '어떻게 말하느냐'보다 '무엇을 말하느냐'가 그리고 '무엇을 말하느냐'보다 '누가 말하느냐'가 더욱 중요해지고 있다.

같은 내용이라도 말하는 사람에 따라 완전히 다르게 받아들여지기 때문이다. 사람들에게 영향력을 줄 수 있는가, 아닌가에 관해서는 자신이 어떤 사람인지, 자신의 존재에 대해 스스로 자문해 볼 일이다.

"말은 적게 합시다. 설교를 한다고 해서 그 사람과 서로 통하는 게 아닙니다. 빗자루를 들고 누군가의 집을 깨끗이 해 보십시오. 그 행동이 충분히 말해 줄 겁니다."

마더 테레사*

---

* **마더 테레사** Mother Teresa(1910~1997)
인도의 로마 가톨릭교회 수녀로 본명은 아녜저 곤제 보야지우(알바니아어로 Anjezë Gonxhe Bojaxhiu)이다. 1950년 콜카타에서 사랑의 선교회라는 기독교 계통의 비정부기구를 설립해 45년간 빈민과 병자, 고아, 죽어가는 이들을 위해 헌신했다. 1979년 노벨 평화상을 수상했고 인도의 시민 훈장인 바라트 라트나 Bharat Ratna를 받았다. 사후 교황 요한 바오로 2세에 의해 시복되어 '캘커타의 복녀 테레사'라는 호칭을 받았다.

46 언제나 주위에 감사할 줄 아는 마음

겸허한 사람은 누구에게나 사랑받는다.
그런데 어째서
겸허한 사람이 되려고 하지 않는가.

레프 톨스토이

레프 톨스토이Lev Nikolayevich Tolstoy(1828~1910)
러시아 문학을 대표하는 대문호 톨스토이는 도스토옙
스키와 함께 19세기 러시아 사실주의 문학의 정점이자
혁명의 거울, 위대한 사상가로 여겨지는 인물이다. 그
는 러시아 문학과 정치에 지대한 영향을 끼쳤다. 《전쟁
과 평화》, 《부활》, 《안나 카레니나》가 대표 작품이다.

<table>
<tr><td>5년 후
제자리걸음만
하는 사람</td><td>자신의 부족함을 전혀 모르고 겸허한 자세로 다른 사람에게 배우려 하지 않는다. 조금 아는 것도 전문가인 양 아는 척한다. 손아랫사람이나 부하의 말을 듣기보다 자기 말만 한다.</td></tr>
<tr><td>5년 후
승승장구하는
사람</td><td>비록 손아랫사람이라도 그의 장점을 보면 적극 배우려 한다. 겸손함이 몸에 배어 부하에게도 존중하는 마음으로 공손하게 대한다. 상사나 부하 직원이든 누구에게나 차별하는 마음 없이 공평하게 대한다.</td></tr>
</table>

잘되면 창밖을 보고, 잘 안 되면 거울을 보라

어느 인터뷰 내용을 잠깐 소개하겠다.

"오늘날의 젊은이들에게 해주고 싶은 말씀이 있으시면 들려주십시오."

"젊은 세대가 꿈과 희망을 잃는다면 이 세상은 끝이라고 생각합니다. 최근 젊은이들을 보면, 그게 가장 걱정이더라고요. 국가적으로 정말 큰 손실이지요. 젊은이들에게 자신의 가능성을 믿으라고 말해 주고 싶습니다. 자신의 가능성과 운을 믿고 주어진 일에 온 힘을 다하길 바랍니다.

세상에는 분명 행운과 불행이 존재하지만, 긴 안목으로 보면 모두 평등하다고 생각합니다. 자신은 운이 좋다고 생각하는 것이 절대적으로 이롭죠. 똑같은 발상이 떠올라도 운이 좋다고 생각하느냐, 운이 없다고 생각하느냐에 따라 현실을 달리 인식하게 되거든요. 파나소닉을 창업한 마쓰시타 고노스케는 직원을 채용하는 면접 자리에서 "자네는 운이 좋은가?" 하고 물어 보았다고 합니다."

"운이 좋다는 것은 어떤 의미가 있습니까?"

"제 나름대로 해석해 봤을 때 이렇습니다. 무언가 성과를 올렸을 때 많은 사람이 자신의 노력으로 얻은 것이므로 '운이 좋다'고 말하지 않고 '내가 했다'고 말하잖습니까? 마쓰시타 씨는 그걸 확인한 게 아닐까요? 다시 말해 운이 좋다고 생각하는 사람은 자신도 열심히 했지만 다행히 시기가 좋았다거나 동료들과 의기투합이 잘되었다 혹은 여러 가지로 운이 따랐다고 감사하는 마음을 갖고 있습니다. 즉 그런 말에서 겸허함을 느낄 수 있지요."

"그렇다면 리더에게도 해당되는 말일까요?"

"세계적인 경영 컨설턴트인 짐 콜린스는 '제5수준의 리더십을 습득하라'고 이야기합니다. 잘되면 창밖을 보고 잘되지 않으면 거울을 보라고요. 잘되면 주위의 덕택이요, 잘되지 않으면 자신의 책임이니 반성하라는 뜻입니다. 예부터 동양에서 이상으로 여기는 리더의 모습도 대개 이렇게 겸허한 사람입니다. 겸허한 리더는 자신을 과시하거나 자만하지 않기 때문에 세상에 잘 드러나지 않습니다.

자신이 하고자 하는 일을 반드시 달성하겠다는 강한 의지를 가지고 미션을 중요하게 여기며 인재를 육성하는 사람, 성공해도 '여러분 모두의 덕분'이라고 말할 줄 아는 겸허한 소양을 갖춘 그런 사람이 가장 훌륭한 리더라고 생각합니다."

"이와타 씨는 스스로 아직 멀었다고 생각하십니까?"

"물론입니다. 구로사와 아키라* 감독이 아카데미 상인가 하는 수상식 인터뷰에서 '지금까지의 작품 중에서 가장 걸작이라고 생각하는 영화는 무엇입니까?'라는 질문에 '다음번 작품입니다'라고 대답했다고 합니다. 멋진 말이라고 생각해요. '세계의 구로사와'라고까지 불리는데도 여전히 스스로를 부족하다고 느끼기에 다음번 작품이라고 대답했겠지요. 지금은 제게도 '전 스타벅스 사장'이라는 직함이 따라다니지만 그것은 어디까지나 과거의 이야기입니다. 가능하다면 '리더십 교육의 이와타'로 불리고 싶습니다.

물론 지금도 스타벅스 점포에서 일하는 파트너들을 좋아합니다. 정말로 훌륭한 회사라고 생각하며 짧은 기간이지만 CEO로 일할 수 있어서 큰 행운이었죠. 다만 지금 제게 주어진 미션은 리더를 육성하는 일인 만큼 '리더십 교육의 이와타'로 불릴 수 있도록 노력할 생각입니다."

"만약 우리가 겸허하다면 칭찬을 받든 비방을 당하든 신경 쓰지 않습니다. 만약 누군가가 비난한다고 해도 실망할 필요가 없습니다. 반대로 누군가가 칭찬한다고 해서 자신이 훌륭하다고 생각할 일도 아닙니다."

마더 테레사

---

* **구로사와 아키라 黑澤明**(1910~1998)
일본을 대표하는 영화감독으로 《라쇼몬》으로 베니스 영화제에서 그랑프리를 수상했고 《7인의 사무라이》 외 다수의 작품으로 칸 영화제, 모스크바 영화제 등의 국제영화제에서 수상했다.

47 모른다고 말할 수 있는 용기

사람은 결점을 그대로 두었다가는
고치지 못한다. 고치려면 우선 그 결점을
솔직히 인정할 줄 알아야 한다.

앙드레 지드

앙드레 지드 André Paul Guillaume Gide(1869~1951)
프랑스 문호로 파리에서 태어났으며 신경발작으로 인
한 허약한 몸으로 중퇴하고, 19세부터 창작을 시작했
다. 1891년 처녀작인 《앙드레 왈테르의 수기》를 시작
으로 《지상의 양식》, 1909년에 발표한 《좁은 문》, 《이
자벨》, 《교황청의 지하도》, 《전원 교향악》, 《보리 한 알
이 죽지 않으면》 등이 있다. 《콩고 기행》은 비평가로서
의 그를 높이 인정할 수 있는 작품이며, 소련을 여행한
후 쓴 《소련 기행》은 좌파 언론계의 공격을 받기도 했
다. 1947년 노벨 문학상을 받았다.

<table>
<tr><td>5년 후
제자리걸음만
하는 사람</td><td>자신의 강점과 약점을 제대로 인식하지 못한다. 자신이 완수하지 못한 일에 대해 전혀 부끄럽거나 미안해하지 않으며 그것을 극복하려는 노력도 하지 않는다. 제대로 알지 못하면서도 전문가인 척한다.</td></tr>
<tr><td>5년 후
승승장구하는
사람</td><td>자신의 강점과 약점을 정확히 인지한다. 강점은 한층 더 강화하고 약점은 보완하기 위해 노력한다. 약점에 대해서는 겸허하게 다른 사람의 도움을 받아들인다. 잘 알지 못하면 솔직하게 모른다고 인정한다.</td></tr>
</table>

자신의 단점을 자각하는 것은 성장하기 위한 원동력이다

내가 경영을 맡았던 한 회사에서 특별고문이라는 직함으로 있을 때 회의에 참석한 적이 있었다. 들어간 지 얼마 안 되었기 때문에 업계의 업무를 열심히 익히고 있었지만 제품에 대한 지식이나 전문적인 정보가 너무나 방대해서 모르는 게 많았다. 회의에서 오가는 대화를 들어도 전문 용어 등 제대로 이해하지 못하는 부분이 많았다.

빨리 업계의 지식을 배우고 싶은 마음에 "죄송하지만 잠깐 초보적인 질문을 해도 되겠습니까?" 하고 모르는 내용에 관해 물었다. 그런데 회의가 끝난 다음 전임 사장이 이렇게 말했다.

"이와타 씨, 앞으로 그런 질문은 하지 않는 게 좋겠어요. 창피하잖아요!"

어떻게 생각하면 옳은 말인지도 모르지만 나는 무척 위화감을 느꼈다. 그 사장은 그렇게 쉬운 질문을 했다가는 무능력하다는 취급을 당할 거라고 생각하는 듯했다.

언젠가 컨설턴트로 일할 때도 영국인 상사에게 이런 말을 들은 적이 있다.

"자네는 컨설팅에 대한 노하우를 더 익혀야겠네."

정확하게 잘 알지 못해도 고객 앞에서 아는 척하며 요령껏 하라는 의미였다. 컨설턴트는 지식과 경험으로 돈을 벌고 있으므로, 물론 상사의 말도 이해는 한다. 하지만 나는 잘 모르는 부분에 대해서는 고객과 함께 배우면 될 거라고 믿고 있었다. 그래서 나와는 컨설턴트가 맞지 않다고 판단해 2년 만에 그만두었다.

"컨설턴트로서의 내 최대의 장점은 무지無知의 상태가 되어 많은 질문을 던지는 일이다."

피터 드러커

때로는 아는 척해야 하는 경우도 필요할지 모르지만, '저는 잘 모릅니다' 하고 겸허하게 인정하는 편이 성장의 원동력이 된다고 믿는다. 진정 성장하고 싶다면 "저는 그걸 배우지 않아서 잘 모르니 가르쳐 주시겠습니까?" 하고 말할 수 있는 겸허한 자세와 용기가 필요하다. 특히 젊은 시절의 허세는 백해무익하다는 것을 명심하라.

리더라고 해서 모든 것을 척척 잘하는 슈퍼맨일 수는 없다. 오히려 가끔은 자신의 부족함을 드러내고 주변의 도움을 받아도 좋지 않은가. 인간은 누구에게나 약점과 결점이 있다. 단, 그것을 자각하는 사람과 그렇지 못한 사람이 존재할 뿐이다. 하지만 자신의 약점은 분명히 알고 있어야 한다. 의외로 많은 사람이 자신의 강점을 과신하는데, 어느 순간 그 강점이 약점이 되기도 한다.

매사에 신중하다는 강점이 때로는 우유부단하게 보일 수도 있다. 리더십이 있는 것이 강점이라고 생각하지만 주변에는 독단적으로 비칠지도 모르는 일이다. 자신의 약점을 솔직히 드러내는 사람이 있는 반면, 덮어 가리는 사람도 있다. 아예 자각하지 못하는 사람은 논외지만, 대개는 자각하기 때문에 어떻게든 감추고 싶어 한다.

타인에게 자신의 약점이나 결점을 보이고 싶지 않은 심정은 충분히 이해한다. 하지만 아는 척하느라 잘 모르는 상태로 대충 중대한 의사 결정을 내리기라도 하면 조직에 큰 손실을 초래할 수 있다. 자신에게 결여되어 있는 부분을 자각하는 것은 성장하기 위한 원동력이 분명하다. 그리고 일부러라도 사람들한테 자신의 약점을 드러냄으로써 스스로 깨달을 수 있다. 주변으로부터 이런저런 조언을 들을 수도 있으며 다른 사람들이 나의 부족함을 보완해 줄지도 모른다.

"누군가에게 도움을 받지 못하면
살아갈 수 없다는 것을 인정해야 한다."

나카무라 후미*

잘 모르는 것을 겸허하게 '모른다'고 분명하게 말할 수 있는가. 솔직하게 가르침을 청하는 자세를 보일 수 있는가. 이것이 인간으로서 성장의 열쇠를 쥐고 있다.

---

* **나카무라 후미**中村ふみ
두 아들의 엄마로 평범한 전업주부였으나 늙지도 죽지도 않는 한 남자의 기묘하고도 파란만장한 여정을 그린 소설 《염마 이야기》로 2009년 제1회 골든 엘리펀트Golden Elephant 대상을 공동 수상했다. 이 상은 세계적으로 통용되는 엔터테인먼트 소설을 양성할 목적으로 만들어졌다.

48 어떻게 살아야 할까 고민한다

성실하지 않으면
사람을 움직이지 못한다.
사람을 감동시키려면
자신의 마음이 감동하지 않으면 안 된다.
자신이 눈물을 흘리지 않으면
다른 사람의 눈물을 자아낼 수 없다.
자신이 믿지 않으면
다른 사람을 믿게 할 수 없다.

윈스턴 처칠

윈스턴 처칠Winston Leonard Spencer Churchill(1874~1965)
영국 수상으로 제2차 세계대전 중에 미국, 소련과 연합
하여 독일의 공격을 막아 내고 전쟁을 끝냈다. 《제2차
세계대전 회고록》으로 1953년 노벨 문학상을 받았다.

| **5년 후
제자리걸음만
하는 사람** | 자신이 할 수 있는 일도 하지 않으며 그 이유를 환경이나 다른 사람 탓으로 돌린다. "내겐 그런 재능이 없어." 하면서 노력도 기울이지 않고 지레 포기한다. 매사에 시큰둥하고 진지하지 않다. |
| **5년 후
승승장구하는
사람** | 자신은 아직도 부족하다는 겸허한 태도로 최선을 다해 노력한다. 때로는 이렇게 살아 있는 것만으로도 감사하다고 여긴다. 주변에 이익을 주고 좋은 영향을 끼치고 싶어 한다. |

좋은 사람을 흉내 내고 자신을 돌아보라

영국의 저명한 경제학자 존 메이너드 케인스가 이런 말을 했다.

"It is much more important how to be good than how to do good."

야스오카 마사히로 선생의 저서에 나와 있는데, 나는 이 말의 의미를 이해하는 데 10년이나 걸렸다. 좋은 일을 한다는 'to do good'으로 충분하다고 생각했기 때문이다.

'to do good'보다 'to be good'이 되어라. 즉 좋은 일을 하기

이전에 좋은 사람이 되어라. 사람으로서의 존재 자체가 good이기를 목표로 하라. '마음이 원하는 대로 따라도 결코 도덕에서 벗어나지 않는다'는 《논어》의 말을 떠올리고 나서야 겨우 이해할 수 있었다. 의식하든 의식하지 않든 자연스럽게 좋은 행동을 하고 있는 상태를 목표로 하라는 뜻이다. 'to be good'은 결국 인품을 쌓는 일인 것이다.

보통 미국의 비즈니스 스쿨에서는 합리정신에 의거한 'to do good'은 가르치지만 'to be good'에 관해서는 기업 윤리에서 조금 가르칠 뿐이다. 제2차 세계대전 후 일본의 교육은 지식이나 기술만 가르치고 있다. 2001년 미국에서 다국적 에너지 회사인 엔론 사의 부정회계 사건이 일어났다. 그런데 그 주모자가 하버드 비즈니스 스쿨을 나왔고 세계 제일의 컨설팅 회사 매킨지 출신의 최고 엘리트였다는 것은 참으로 놀라운 일이 아닐 수 없다.

좋은 사람이기 위한 해법은 역시 수학에 의한 해석이나 평가만으로는 얻을 수 없다. 비즈니스 스쿨에서 가르치는 이해득실의 판단만으로는 'to be good'에 이를 수 없다. 그러면 좋은 사람이 되기 위해서는 어떻게 해야 할까. 먼저 가까이 있는 좋은 사람을 본보기로 삼는 것이 좋다.

일본어에서 '배운다'는 말은 '흉내 낸다'는 말과 어원이 같다. 좋은 사람을 흉내 내고 자신을 돌아보라. 그러한 배움의 반복에 의해 인품이 갖추어져 간다는 사실을 기억하기 바란다.

일찍이 학문의 목적은 도덕 사상을 배우고 수양을 하기 위함이었다. 이른바 읽기, 쓰기, 셈과 같은 기초적인 배움은 어릴 때 익혀 두어야 했다. 그 이후에는 사람으로서 어떻게 살아가야 하는가 하는 수양의 학문이 중심이었다. 하지만 오늘날 학문은 기술을 몸에 익히는 공부로 바뀌고 말았다.

사람에게 가장 중요한 것은 '덕을 쌓고 사람으로서 어떻게 성실하게 살아갈까' 하는 점이다. 인터넷으로 검색만 하면 필요한 정보를 얼마든지 손에 넣을 수 있는 요즘은 지식이나 정보를 습득하는 것이 옛날만큼 큰 가치를 지니지 않는다. 그보다 중요시되는 것은 '인간으로서 어떻게 살아갈까', '인간은 어떤 존재여야 하는가'이다. 즉 'to be good'을 목표로 수양해 나가는 것은 예나 지금이나 무척 중요하다.

덕을 쌓는 일은 정말 어려워 보이는데, 가령 길에 나뒹구는 쓰레기를 줍거나 현관의 신발을 가지런히 정리하는 일, 점원에게 고마운 마음을 표현하는 그런 일 자체는 극히 쉬운 행동이지만 계속해서 실행하기란 만만치 않다. 생활 태도에 있어서도 아무것도 특별할 게 없다. 일찍 자고 일찍 일어나서 적당한 식사와 운동 같이 좋은 습관을 몸에 익혀 생활 리듬을 실천하는 것부터 시작하면 된다.

물론 학교에서 지식이나 기술도 많이 배우고 익히면 좋다. 하지만 더욱 근원적인 과제인 사람으로서 어떻게 살아가야 하는지를 배우는 것이 진정한 학문이며 수양이라는 사실을 잊지 마라.

"결심을 해서 올바르게 될 것이 아니라 습관에 의해 올바르게 되어야 한다. 또한 단순히 옳은 일을 하기만 할 게 아니라 옳은 일만 할 수 있게 되어야 한다."

월리엄 워즈워드*

* **월리엄 워즈워드** William Wordsworth(1770~1850)
영국 시인으로 낭만주의 신호탄을 쏘아 올렸다. 많은 낭만주의 시인이 요절한 반면, 그는 장수하여 1843년 73세의 나이에 계관 시인이 되었다. 1798년 테일러 콜리지와 공저한 《서정 민요집》Lyrical Ballads의 서문을 통해 낭만주의의 시작을 알린 영문학사에서 중요한 시인이다.

49 자신의 자리에서 도망치지 않는다

나의 성공과 실패에
최종적으로 책임을 지는 사람은
자기 자신이다.

루퍼트 머독

루퍼트 머독 Keith Rupert Murdoch(1931~)
호주에서 태어난 기업인이자 언론인으로 52개국에서
780여 종의 사업을 펼치고 있는 미디어 재벌이다. 《뉴
욕포스트》, 《타임스》, 폭스방송, 20세기폭스 등이 소속
되어 있는 뉴스코퍼레이션의 설립자이자 회장이다.

| **5년 후
제자리걸음만
하는 사람** | 하기 싫고 귀찮은 일은 가급적 하지 않고 책임을 회피한다. 자신의 잘못을 인정하지 않고 타인에게 책임을 떠넘긴다. 일이 잘못되면 변명부터 늘어놓는다. 행동에서 주변의 실수를 감싸는 등의 리더십을 찾아볼 수 없다. |
| **5년 후
승승장구하는
사람** | 자신의 말과 행동에 책임을 진다. 팀의 리더라면 팀원이 실수해도 적절하게 조치를 취하고 그의 실수를 감싼다. '리더십은 책임'이라는 사실을 인식하고 책임 있는 리더가 되기 위해 노력한다. |

큰 권력에는 그에 대한 책임이 따른다는 것을 기억하라

앞으로 리더로 성장하고자 한다면 반드시 기억해야 할 것이 있다. 다름 아닌 사명감과 책임감이다. 지금은 사회 초년생이라 해도 앞으로 직급이 올라갈수록 그에 따른 권한도 점점 커질 것이다. 권한과 권력이 늘어날수록 책임감도 그만큼 커진다는 사실을 명심해야 한다. 사람은 누구나 그 지위에 수반되는 권력과 권한에 마음을 빼앗기기 마련이다.

더 큰 돈을 움직일 수 있다, 부하가 늘어났다, 비서가 생겼다, 판공비를 사용할 수 있는 권한이 생겼다는 생각에 들뜰 수밖에 없다. 하지만 큰 권력에는 큰 책임이 따른다는 것을 기억하라. 영화 〈스파이더맨〉의 주인공 피터를 극진한 사랑으로 키워 준 삼촌이 남긴 말이다.

이 말의 근원을 따라가 보면 귀족제도와 계급사회가 남아 있는 영국 등의 국가에 침투해 있는 '노블리스 오블리제'noblesse oblige라는 사고에 다다른다. 높은 사회적 신분에 상응하는 도덕적 의무를 의미하며 왕과 귀족들에게 뿌리 내려 있는 행동 규범이다.

높은 지위와 권력을 쥐고 있는 사람일수록 더욱 큰 사명감과 책임감을 갖고 인간으로서의 덕망을 쌓아 가야 한다는 뜻이다. 자신이 갖고 있는 힘이나 권력에 대해 긴장감을 가져야 한다는 말이다. 리더는 항상 자신이 이끄는 조직 전체의 책임을 혼자 떠맡을 각오를 해야 한다.

리더십은 곧 책임이다. 경영자나 고위층 가운데 불미스러운 일이 생기면 주변 탓으로 돌리고 자신은 책임을 지지 않으려는 리더가 얼마나 많은가. '나는 전혀 몰랐다', '듣지도 보지도 못했다', '알아서 저지른 일이다' 등 온갖 핑계를 대가며 발뺌하는 행태를 보면 보는 사람의 낯이 뜨거워진다. 엘리트의 정의는 '특별히 떠맡아야 할 의무는 없지만 자진해서 책임을 지는 사람'을 말한다. 소위 엘리트라면 이 말을 다시 한 번 차분히 되새겨 볼 일이다.

"가진 자는 가지지 못한 자에게 베풀 의무가 있다."

시라스 지로*

---

* **시라스 지로**白洲次郎(1902~1985)
제2차 세계대전 직후 연합군 최고사령부 지배하의 일본에서 요시다 시게루의 측근으로 활약했으며, 무역청(현 통상산업성) 초대청장, 도호쿠전력의 회장을 역임했다. 전후 일본국 헌법 제정에 관여했다.